できない自分も好きになる30の「ほめ言葉」

そのままのあなたが、絶対かわいい。

根本裕幸　日隈みさき 絵

PHP

まえがき

今の時代、みんなちゃんとしようとしすぎてるような気がするんだよ。

そうね。ちゃんとすることにすごく頑張っててしんどそうだよね。

せやねん、間違えたらあかん！ きちっとせなあかん！ って自分にめっちゃプレッシャーかけてるんちゃうかな。

何か見えない基準やルールに縛られてるみたいだよね。

それで息が詰まっちゃって余裕をなくしてしまっているんだろうなあ。

そんなの自分がかわいそうだよね。

とにかくみんな、自分に厳しすぎるんじゃないかな？

でも、そのことに全然気づいてへんねんで。周りはもっと頑張ってるって勘違いしてるんちゃうかな。

じゃあさ、おれたちでそんな人たちのことを「ほめて」励ましてあげないか？

いいね!!

* * *

はじめまして、著者の根本裕幸です。
この本は、かわいい動物たちが、あなたのことをあなたの代わりに「ほめる」本です。
自分をほめるのが苦手、なぜかいつも厳しくしてしまう、自信が持てない……そんな方はぜひ、本書をゆっくり読んでみてください。
ただ、そのほめ方には動物ごとの個性が出ているようです。

優しい言葉でとにかく癒されたい方には、オオカミやライオンのほめ方が合っているかもしれません。

明るく励まされたい方には犬が、共感したい方にはうさぎが、姉御肌にハッとさせられたい方には猫が……。

あなたにはどの動物のほめ方が合っているでしょうか？
本書を通して、自分の推し動物も見つけてみてくださいね。

もくじ

そのままのあなたが、絶対かわいい。
できない自分も好きになる30の「ほめ言葉」

まえがき　002

1. 誰かの言葉に縛られてしまうあなたへ
   他人が勝手にあなたにラベルを貼りつけてるだけなんです。｜犬 ･･････････ 010

2. ちょっと大人になりすぎてしまったあなたへ
   最近、ちゃんと笑えてる？頑張りすぎて余裕なくしてない？｜うさぎ ････････ 015

3. 自分を追い込みすぎてしまうあなたへ
   今のあんたにできることで100点満点なんや。｜猫 ･･･ 020

4. 自分を甘やかすのが苦手なあなたへ
   好きなものをもっと自分に与えなさい。｜ライオン ･･･ 026

5. 自分のことを好きになれないあなたへ
   自分のことが嫌いな自分を責めるのはもうやめな。｜オオカミ ････････････････ 032

6. 寂しさを我慢するのが当たり前になってしまったあなたへ
   本当はすごく寂しいって気づいてる？私に話してみな？｜うさぎ ････････････ 038

7. 「自己肯定感」と戦い続けるあなたへ
   自己肯定感上げなあかんって風潮、ウザいと思わへん？｜猫 ･････････････ 046

8. 自分の選択に自信を持てないあなたへ
   好きにしていいんです！｜犬 ････････････････････ 053

9. 人生の迷子になっているあなたへ
   ちゃんとするよりも、ふわっとした生き方が
   自分に合ってることもあるんだぜ? | オオカミ ・・・・・ 058

10. 悩み事をたくさん抱えているあなたへ
   それだけ悩むってことは、
   それだけ大事なことなんだよね。 | うさぎ ・・・・・・ 062

11. 怒るのが苦手なあなたへ
   さすがに怒ってもいいと思いますけど。 | 犬 ・・・・・ 068

12. 他人からの攻撃に傷ついているあなたへ
   理不尽な攻撃って
   ほぼ嫉妬やから気にせんとき。 | 猫 ・・・・・・・・ 074

13. 自分に自信を持てないあなたへ
   とりあえず「自分はかわいい!」って
   思っておけば大丈夫。 | オオカミ ・・・・・・・・・ 078

14. 「いい人」に疲れてしまったあなたへ
   たまには「悪い人」になっちゃうことも
   ありますよね。 | 犬 ・・・・・・・・・・・・・・・・ 084

15. 自分の年齢を気にしすぎてしまうあなたへ
   「もういい歳だし」って都合のいい
   言い訳じゃない? | うさぎ ・・・・・・・・・・・・ 090

16. 自分に厳しくなってしまうあなたへ
   みんなにしてあげてることを自分にも
   してあげればいいんだよ。 | ライオン ・・・・・・・ 098

17. 他人に弱さを見せるのが苦手なあなたへ
　　**弱点とか欠点とかが見えると人間らしくて
　　いいなって思うんですよね。**｜犬 ・・・・・・・・・ 102

18. 頑張りを周りにアピールするのが苦手なあなたへ
　　おれはずっと頑張ってたの知ってたよ。｜オオカミ ・・ 108

19. 断るのが苦手なあなたへ
　　自分にとことん正直に生きてええんよ。｜猫 ・・・・・・ 114

20. 自分を好きになれなくて不安なあなたへ
　　**自己嫌悪がなくなるとヒマになって
　　よく眠れるようになるんだぜ？**｜オオカミ ・・・・・・・・・ 122

21. 他人の言葉に傷つきやすいあなたへ
　　**傷つくことがあったってあなたの価値は
　　何も変わらない。**｜ライオン ・・・・・・・・・・・・・・・ 128

22. 恋人に対して正直になれないあなたへ
　　**「重い女」ってそないあかんかな？
　　かわいいと思うんやけどな。**｜猫 ・・・・・・・・・・・・・ 133

23. 泣くと謝っちゃうあなたへ
　　**泣くことも大事よ？　泣けるって、
　　すごいことなんだよ？**｜うさぎ ・・・・・・・・・・・・・ 138

24. ありきたりな言葉に飽きたあなたへ
　　**「そのままのあなたでいい」って言われすぎて
　　ウンザリするよな。**｜ライオン ・・・・・・・・・・・・・ 144

25. 誰かに頼るのが苦手なあなたへ
  **その重たい荷物、
  自分ひとりで抱えて大変だろ？**｜オオカミ ･･･････149

26. 仕事に対してモヤモヤしているあなたへ
  **それ、本当にあなたが
  やりたいことなんですか？**｜犬 ･･････････････156

27. 自分の欠点を許せないあなたへ
  **カッコつけたり、意地張ったり、
  素直になれないってのも個性だから。**｜ライオン ････164

28. 相手に合わせてばかりいるあなたへ
  **自分を後回しにしすぎてない？
  ちょっとわがままになってみなよ。**｜オオカミ ･･･････169

29. この本を手に取ってくれたあなたへ
  **今のまんまのあんたが最高やで。せやからそない
  無理して頑張らなくてもええ。**｜猫 ･････････････176

30. 【特別編】あなたの悩みはきっとコレでほぐれる
  それが今の自分なんだから!!｜動物たち集合 ･････182

あとがき　192

イラスト　　　　日隈みさき
デザイン・DTP　鳴田小夜子（KOGUMA OFFICE）

1. 誰かの言葉に縛られてしまうあなたへ

他人が勝手に
あなたにラベルを
貼りつけてるだけなんです。

人って「安心」できるコミュニケーションを築きたい生き物なんです。
だから「あなたって優しい人ね」と相手を勝手に決めつけて、自分が安心できる関係を作ろうとします。

だけど「優しい人ね」と言われたからって、その人に特別優しくしなきゃいけないわけじゃありません。
そんな無料のサービスはつけてあげなくてもいいのです。

でも、期待されると嬉しいし、私たちはなぜか「期待に応(こた)えたい」という思いが備えついているので、相手から「優しい人ね」と言われたら、優しくしなきゃと思ってしまうんです。

疲れちゃいますよね。

「しっかりしてるね！」と言われたら、しっかりしようとするんです。
「頑張り屋さんだね」と言われるから、頑張っちゃうのです。

「いつもおしゃれだね」と言われると、朝クローゼットの前で悩んじゃいます。
「気が利くよね」と言われたら、いつも気を使うようになってしまいます。

だけどこうした相手からの評価って、あなたがまだ素でいられたときに、その人が勝手につけたラベルだったはずです。
だから、無理して期待に応えなくてもいいんです。自分がふつうに振る舞っている状態を見て、その人は「優しいね」と言ってくれたのですから。
それ以上、サービスしなくていいのです。

でも、このラベルはポジティブな意味のものばかりじゃありませんよね。

「君は大雑把な性格だな。細部に気を使えないから、こういうミスをするんだ」なんて上司に言われたとしましょう。
あなたはショックを受けるし、「す、すみません！」と思っ

て「この大雑把な性格を直さなきゃ」と頑張ってしまうかもしれません。

でも、その「大雑把な性格」というのも上司があなたに勝手につけたラベルなんです。
上司から見ればそう見えるだけで、他の人から見たらそうは見えないかもしれません。

それに、短所って長所に脳内変換できるんです。

大雑把と言われると、なんだかネガティブに思えるかもしれませんが、ゆとり（余裕）がある／鷹揚(おうよう)な／懐(ふところ)が深い／細かいことに囚(とら)われない、なんて見方をしたら、長所にも思えるはず。

だから、心の中でこっそり「それは上司さんの見方でしょ？」と線を引いておきましょう。
一応、社会人として表面上は「すみません！」と言ってお

たほうがいいですけど。

「あなたってこういう人よね」とラベルをつけられたら、「それはあなたの意見でしょ？」と線引きします。

私は私、相手は相手。

それで何ら問題ないのです。

最近、ちゃんと
笑えてる？頑張りすぎて
余裕なくしてない？

2．ちょっと大人になりすぎてしまったあなたへ

心の健康状態をチェックする方法のひとつに、コレがあります。みなさんもちょっとだけ、思い出してみてください。

最近、笑ったのはいつですか？
お腹を抱えるくらい、笑えたのはいつですか？

大人になって自立すればするほど、私たちは笑わなくなります。一説によると、子どもは大人の3、40倍も笑っているそうです。

なぜ大人になると笑わなくなるのかというと、歳を重ねるにつれて私たちは、感情を表に出すことを我慢するようになるからです。

特に日本人は、感情を表に出すことをあまり好まない風潮にありますよね。
人前で少し怒っちゃっただけで「大人気ない」と言われたり、職場で泣き出したりすると「大人なんだから涙を見せる

な」と注意されたり、プライベートなことで落ち込んでいると「公私混同するな」と叱られたり。

最近は、その風潮も少しマシになりましたけど。

とはいえ私たちは、感情を表に出すことがあまりよくないと、子どもの頃から教育されてきましたよね。

そうすると怒りや悲しみ、悔しさといったネガティブな感情を表に出さないだけでなく、楽しい、面白い、好きといったポジティブな感情まで出せなくなってしまうのです。

会社に行きたくない日だってあると思うんですね。
けれど「そんなこと言ったって行かなきゃいけないんだからしょうがない」と自分を律して、頑張ってベッドから這い出て準備しますよね。
そして、イヤだなあ、眠たいなあ、と思いながら電車に揺られて出勤すると思うんです。

その間に、あなたはどれくらい自分の気持ちを我慢したでしょう？
我慢していることに気づかないくらい我慢が当たり前になっていないでしょうか？

こうしたことの積み重ねにより、私たちは笑えなくなってしまったんです。

* * *

カウンセリングで「吉本新喜劇を見まくること」という宿題を出すことがあります。
関西風のお笑いが苦手ならMr.ビーンなどの喜劇を見てもいいし、落語や漫談でももちろん構いません。

笑うと心に余裕が生まれます。
深刻さが吹っ飛んで明るさや楽しさが戻ってきます。
思いっきり笑ったあとはびっくりするほど体が軽くなってい

たりします。
我慢して溜め込んでいた感情が、笑いと共に飛んでいったのでしょう。

「笑いは最高のヒーリング（癒し）」って言われているんです。

だから私も、セミナーやカウンセリングでは笑いをとても大切にしています。寒いギャグをいくつも飛ばして、みなさんにニヤリとしてもらっています。

深刻な表情をしていた方が、カウンセリングの終盤ではニコニコ笑っているシーンも珍しくありません。
「笑えるようになったら大丈夫だよ！　このままいきましょう！」とお伝えします。

最近、何だか余裕がないなあ、と思ったら笑いを求めてみてください。

今のあんたに
できることで
100点満点なんや。

3．自分を追い込みすぎてしまうあなたへ

当たり前のように思えるかもしれませんが、人間ってそもそも「できることしかできない」ですよね？
そして、その「できること」というのは時間、能力、気分、お財布の中身、一緒にいる人、今いる場所などによってコロコロ変わるものです。

でも、私たちは頭ではこうやって考えちゃうんですよね。

"これくらいはできなければおかしい。"
"この程度のことができないなんてありえない。"
"前はできたんだから今もできなきゃおかしい。"

そうして、一定の基準を自分に求めちゃうんです。

自分を追い込まないためには、「今の自分にできることしかできない」という事実を受け入れることが、ものすごく大切です。

つまり、今の自分にできることをやれば、それでもう100点満点なんです。

* * *

私は今まで30冊以上の本を執筆させていただきました。ありがたいことです。
しかし、その執筆のスタイルはずっと「気分が乗ったときに一気に書く」もしくは「締め切りが迫ってきたときに焦って書く」というものです。

知り合いの作家さんは、締め切りの日から逆算して「毎日一定量をコツコツ書く」ということをされています。

私にはそれはできません。

「ヤバい、締め切りまで日がないじゃないか。今まで何をしてきたんだ！　もっとさっさと着手すればいいのに。昨日も

温泉なんかに行ってのんびりしてたし、一昨日も行きつけの店で飲んだくれてたじゃないか！　もっと計画的にコツコツ書いていれば、今頃焦る必要もなかったのに！」

……ということは思いません。（笑）

しょうがないんです。自分にはその能力がないんです。だから、諦めて受け入れることにしました。

だけどもちろん、すぐに受け入れられたわけではなく、ずっと葛藤していました。
たぶん、20冊くらい本を書かせてもらった頃にようやく受け入れられた、というか諦められました。

「締め切りが迫ってきて、焦ってバタバタしながら一気に書き上げるのが、今の自分にできることなんだな」と。

頭で考えた理想の自分と、現実世界の自分には乖離があります。

だから私は「現実世界の自分を支持する」ということを、推奨します。

そして、その現実の自分で十分だと、100点満点だと思い、自分を信じてあげるのです。

もちろん、結果的に締め切りを守れないこともあります。
編集者さん始め、出版社や印刷所のみなさまにご迷惑をかけてしまったことも何度かあります。

その都度、しっかり謝罪はしました。
でも、締め切りを守れなかった自分を責めてはいません。
「なるほど、今の自分にこの締め切りは難しかったんだな。じゃあ次の締め切りを守るためには、もう少し早めから着手してみようかな」と考えました。

結果的に締め切りは守れませんでしたが、今できることを一生懸命に取り組むことはできました。

私は、それができた私を満点だと思います。

今の自分の実力を認め、失敗は次に向けた準備に活かす。できることを一生懸命できた自分には100点満点の花丸！これで十分なのです。

好きなものを
もっと
自分に与えなさい。

4．自分を甘やかすのが苦手なあなたへ

「自分を笑顔にしてあげる」とか「自分のご機嫌を取ってあげる」ということを、常連さんには宿題としてよく出しています。
要するに「好きなことを好きなだけしなさい！」ということなのですが、私たちは意外とそれが苦手なんです。

どこからか「遠慮」が湧いて出てきたり、「そんなにいい思いばかりしちゃダメ！」ってお母さんの声が聞こえてくるような気がしたり……。

だから、「今の自分の部屋を好きなもので満たしてください」という具体的な課題を出すこともあります。

気に入ってはいないけどもらいものだから、という理由で使っているマグカップはありませんか？
なんかデザインが部屋に合わないと思うんだけど、高かったからという理由で使い続けているラグマットはありませんか？

取り急ぎ必要だったからあまり考えずに買ってしまったカーテン、気に入っていますか？

そういうものをひとつひとつ、お気に入りのものに置き換えていくんです。

そうするとどんどん自分の部屋が好きになります。
自分の部屋は自分の心を表します。
だから、自分の部屋を好きになるということは、自分のことを好きになるということと同意なんです。

みなさんは「好き」を、どれくらい自分に与えられているでしょうか？

「甘いものが好きだけど、スタイルを維持するために控えめにしている」というケースは、「甘いものを食べるよりも、自分のスタイルをキープするほうが大事なんだよね」と解釈できるので「好きなことを与えている」に含まれます。

でも、なんだかんだ理由をつけて自分に好きなものを与えないようにしていませんか？

以前、ライブに行くのが大好き！　という女性に「この夏は行きたいと思ったフェスやライブに全部行ってください！」という宿題を出したんです。

その女性は、「え？　いいんですか？」と目を丸くされていました。
私は思わず「え？　逆になんでダメなんですか？」と聞き返してしまいました。(笑)

みなさんもぜひ、時間と予算に都合がつくなら「全部」自分に与えちゃってください。

その女性からは後日、「めっちゃ最高の夏になりました！　パワーをたくさんもらって元気になりました！」という報告をいただきました。

お金がなくなっちゃうから、周りの人がどう思うかを気にしちゃうから、スケジュール的にタイトだから、次の日に疲れが残っちゃうから……。

大人はいろいろと"しないための"理由を考えるのが得意で、それで自分の気持ちを抑え込むのが上手です。
それによって自分を窮屈にしちゃったり、自己肯定感を下げちゃったりしていることに気づいてほしいなあ、と思います。

昨年、病気になって入院生活を送っていた常連さんが「もう後悔しないようにやりたいこと、好きなことは全部やる！」と宣言されていました。

それで、前から行きたかったけど遠いから「いつか」と思っていた桜の名所を訪れたそうです。車を5時間も走らせて。その桜は、動画や写真で見るよりも美しく感動的で、つい涙があふれてきてしまったとおっしゃっていました。そしてそ

のとき「生きてて本当によかった!」と心から思えたそうです。

「好き」を自分に与えることは「生命力」を活気づけることにもつながります。
だから少なくとも、自分が元気になるまでは「好き」を与え続けてあげてほしいと思うのです。

それは決して甘えではないし、やりすぎでもありません。
あなたはそれを与えられるだけの価値がある人ですし、それだけ頑張っていると、私が保証しますので、思う存分自分を甘やかしちゃいましょう!

自分のことが
嫌いな自分を責めるのは
もうやめな。

5．自分のことを好きになれないあなたへ

変な日本語の「ほめ言葉」ですが、よくよく見ると「ああ！」となりませんか？

自分のことがあまり好きじゃない。
そしてそんな、自分のことが好きじゃない自分を責めている。

なんとなく今の世の中って「自分を好きになろう！」という風潮があるじゃないですか。
自己肯定感を上げる、というのとあわせて、「自分のことを嫌いなのはよくない！」みたいな空気感。ありませんか？

その空気感に私もたぶん加担しているのですけど、言い訳がましく言うと「自分をもっと愛そう！」とは言いますが、「自分を嫌うのはやめよう！」とは言ってないんです。

むしろ、「自分のことを嫌いになるのも、しゃあないよね」と擁護する側だと思っております。

そもそも自分のことが好きじゃない状態って、あんまり気分が乗らないんじゃないでしょうか。

少しややこしいかもしれませんが、もしあなたが、あなた自身のことが嫌いな状態だとしたら、あなたは常に嫌いな人と一緒に過ごしているということになりますよね？
ご飯を食べるのも、友人と遊びに行くのも、好きなテレビ番組や推しのライブを見ているときだって、ずっと一緒です。

嫌いな人とずっと一緒にいるなんて最悪じゃないですか。
何事も楽しめないし、面白くないじゃないですか。
面白いことがあっても「意地でも笑わないぞ！」と誓ってしまいそうじゃないですか。

だから、自分のことが嫌いな状態というのは、基本的には気分が悪いことなんです。
じゃあそれなら、自分のことを嫌うのはやめよう！　ってすぐに自分のことが好きになれるわけでもありません。

なので私は、まずは「自分のことが嫌い」という状態を自分自身が受け入れることを推奨しているんです。
「自分のことを嫌いになるのも、しゃあないよね」という言葉で。

そして自分のことを好きになれないというのには、ちゃんとした理由があるはずなんです。
だから、それを私に聞かせてください。

頑張ったけど全然結果が出せなかった。
意地悪で他人の幸せを素直に喜べない。
何かと空回りして損ばかりしている。
強がりすぎて素直になれない。
見栄っ張りでかっこばかりつけようとしてしまう。
そもそも能力がない（と思っている）。
能力どころか、魅力や価値だってない（と思っている）。

こうした話を聞かせてもらうと「なんだ、あなたはとっても

頑張り屋さんじゃないか」と思ってしまいます。
客観的に見ると、とても素敵な人に見えるんです。

だけど、主観的に見ちゃうと何のとりえもない人間に見えてしまう。不思議ですよね。

私たちは自分に一番厳しいんです。
そう言うと「いやいや他の人はそうかもしれませんが、私は自分にものすごく甘いです」とおっしゃる方もいらっしゃいますが、そういう方ほど自分にめちゃくちゃ厳しいということを、私はよーく知っています。

だからまずは、その自分を嫌いな理由を受け入れていきましょう。

「頑張ったのに結果が出なかったのは悔しいよね！」と自分で自分に共感してあげましょう。友人にしてあげているように。

「意地悪で人の幸せを素直に喜べない」って友人が言っていたら、あなたは何と声をかけてあげますか？
私なら「それって自分が幸せになりたい！ って思えてるってことだよね？」と伝えるかな。
「それに、そうやって誰かに話せるってすごく素直な証拠だと思う」と加えるかな。

こうやって、友人と話すみたいに自分と対話してみてください。
それだけで「自分のことが嫌いな自分を受け入れる」ということができるようになります。

本当はすごく寂しいって気づいてる？私に話してみな？

6. 寂しさを我慢するのが当たり前になってしまったあなたへ

ある30代の女性のお話です。

彼女は子どもの頃からかわいがられて育ったのですが、両親、特に母の目は、いつも優秀だけど体が弱い「兄」に注がれていました。それに両親は共働きだったので、仕事や兄の病院通いで家が留守になる中、ひとりで過ごすことが多かったんです。
でも、「お兄ちゃんは病気なんだからしょうがない」と、自分がしっかりしなきゃという思いで育っていくうちに、ひとり遊びが得意になりました。
友人もいましたが、表面的な付き合い程度で心を開ける相手ではありませんでした。

年上の恋人と付き合うようになっても、忙しい彼に合わせてばかりいたので、やはりひとりで過ごす休日が多くなりました。
だからなのか、学生時代からバイトをしまくり、会社員になってからも仕事中心の生活に。

そんなとき、長く細く付き合っていた彼氏と別れたことがきっかけで無気力になってしまい、カウンセリングに来られたのです。

彼女の話を聞いて「子どもの頃からずっとひとりで寂しくなかったの？」と聞いてみました。
彼女は「うーん、そんなに寂しいって感じたことはありませんでした。両親は忙しい人たちですけどちゃんと愛情を注いでくれたと思いますし、兄ともずっと仲よしでしたし」と、淡々と答えてくれました。

感情って麻痺しちゃうものなんですよね。
だから、子どもの頃からずっと寂しさを抱えていると、その気持ちが分からなくなるのです。

でもお話を聞いていると、その彼女の状況はもちろんですが、伝わってくる雰囲気がなんだかとても寂しく、孤独である様子がうかがえました。

それは恋人と別れたから出てきたものにしては、大きすぎると感じられるものでした。

だから、こんな提案をしてみたんです。

「深呼吸して、両親の顔を思い浮かべて、それで『ずっと寂しかった』って実際に声に出して伝えてみてください」

彼女は少し疑ったような表情をしつつも、私の提案通りにしてくれました。

「どう？」とお聞きすると「うーん。よく分からないです。でも、なんか胸の辺りがざわざわする感じがします」と。

「じゃあ、もう1回、やってみましょう」

麻痺した感情を動かすのには少し時間がかかるものです。だから、何度か繰り返し同じイメージをしてもらいました。

すると4回目に、彼女の表情が曇り始めたのです。
「なんかすごくイヤな感じがする」
「じゃあ、あともう1回だけ、今までより少し大きな声で言ってみて」

もう5回目ですから、すらすらと言えるはずなのに、彼女から「ずっと寂しかった」という声は聞こえてきませんでした。
その代わりに大粒の涙がぽろぽろと流れ出し、「あれ？　どうしちゃったんだろう？」と自分の反応にびっくりされていました。

そして、そのあとしばらくの間、涙が止まることはありませんでした。

* * *

「寂しさ」は、人を狂わす感情と言われています。大切な人

とのつながりが切れてひとりぼっちになっている状態です。
人とのつながりが切れている状態というのは、極端に言えば「宇宙空間にひとりぼっち」という感覚で、ときに絶望的な気持ちにもなり得ます。

でも、学校に行けばクラスメイトとつながれるし、家に帰れば家族だっています。塾や習い事でも友人や先生とのつながりを感じられるので、自分の本当の寂しさに気づけないまま成長する子どもも珍しくありません。

先ほどの彼女は「兄に遠慮して」寂しさを我慢することを覚えました。
両親なりに愛してくれていたことは間違いないと思うのですが、彼女は忙しい両親の状況を「理解」し、寂しさをごまかしてきたと言えるのです。
そしてある程度大人になってからも、あまり会えないけれど付き合いの長い恋人がいたので、やはり自分の本当の寂しさには気づけませんでした。

しかし、失恋によってその細い糸がぷっつり切れてしまったとき、寂しい気持ちがどーんと出てきたのでしょう。
でも、彼女は子どもの頃からの癖で、その感情の正体が寂しさであることに気づけなかったんですね。
だから、無気力という風に受け止めたのです。

本当は気が狂いそうなくらい寂しくて何も手につかない、というのが真実でした。

彼女に声に出して伝えてもらったセリフを、みなさんも場が許されるならば今、言ってみてください。

「ずっと、寂しかった」

大切な人を思い浮かべてもいいですし、ただひとりごとを言うようにつぶやいていただいてもかまいません。

心にはどんな反応が起こるでしょうか？

1回ではよく分からなかったら、彼女のように何回もゆっくり声に出して言ってみてください。

もしかしたら心の中に溜まっていた寂しさがあふれ出してしまうかもしれません。

そしたら、その気持ちをただただ感じてみてください。
涙が出てきたらそのまま流してあげてください。
そのとき「自分で自分を抱きしめるようにする」と、少し心がホッとします。

もし、そのとき誰かに連絡したい気持ちになったら、思い浮かんだ人にDM（ダイレクトメッセージ）でも送ってみてください。

しばらくの間、すっごく寂しい気持ちが残るかもしれません。けれど、それと同時に人の温かさ、優しさをたくさん感じられるようになるでしょう。

自己肯定感
上げなあかんって風潮、
ウザいと思わへん？

7.「自己肯定感」と戦い続けるあなたへ

自己肯定感という言葉が巷にあふれるようになりました。
「あたし、自己肯定感けっこう高いのかなあ？」みたいな会話もよく耳にしますし、職場で「君はもっと自己肯定感を上げなきゃいけないぞ」と指摘されたなんて話も聞きました。

また、カウンセリング以外の場でも「自己肯定感が低いから恋愛がうまくいかない」みたいな言葉を見かけることが増えてきました。

でもね、なんでもかんでも自己肯定感を上げればいいという風潮、ちょっとウザいと思いません？

まあ、私もその風潮に一役買っているのであんまり大きな声では言えないのですけれど。

* * *

「自己肯定感を上げないと結婚できないんですか？」

「自己肯定感が低いから仕事がうまくいかないんでしょうか？」
「自己肯定感が低い私は、転職しないほうがいいですか？」
「自己肯定感を上げたら夫ともっと仲よくできますか？」

自己肯定感って別に、三種の神器でも伝家の宝刀でもないんです。

確かに私も「自己肯定感上げていきましょう！」という話をすることがありますし、書いてもいます。

でも当たり前に、自己肯定感が上がっても結婚相手が見つからなかったり、仕事が楽しくならなかったり、転職できなかったり、夫との関係が変わらなかったりするんです。

自己肯定感を上げればどんな問題でも解決できる、というわけではないんですよね。

自己肯定感が上がって変わることと言えば、落ち込む時間が短くなることくらいです。
あまり傷つかなくなったり、立ち直りが早くなったり、前向きに物事を捉えられるようになれるだけです（それはそれで非常に大きな変化ではあるんですけどね）。

＊＊＊

いい子、優等生の方々の中には「自己肯定感を上げなきゃ」という思いに囚われて、自己肯定感を下げないよう、常に警戒している方もいるようです。

だけどそもそも、「自己肯定感が低いのはダメだ」という日本語は矛盾に満ちています。

自己肯定感というのは「今の自分をありのままに受け入れること」を意味します。できないこと、うまくいかないこと、ダメなところがあっても「それが今の自分だからOK！」と

思えるマインドのことです。

だから、「自己肯定感の低い自分を肯定すること」が自己肯定感であって、そこにダメ出しをしてしまうのは「自己否定」になります。

「自己肯定感を上げる」というのは、「どんな自分でも否定せずに受け入れる」ということなんです。

実は、とてもシンプルなもの。
ただただ自分を受け入れるだけです。

例えば、体質的にお酒が飲めないとするでしょう？
でも、同僚たちは飲みに行くのが好きで、楽しそうにお酒を飲んでいるわけです。
それを見ると、羨ましいな、とか、自分も飲めたら楽しめるのかな、と思うのです。

それでお酒を飲めるようにトレーニングしたりするのですけど、体質的なものだからなかなかお酒を飲めるようにはなりません。現実を受け入れる他ないのです。

そのときに「お酒が飲めない自分はダメだ」と思ってしまうのが、自己肯定感が低い状態です。
それを「お酒が飲めない体質なんだからしょうがないよね」と、自分を否定せずに受け入れられるのが、自己肯定感が高い状態です。

自己肯定感が上がったからって、お酒が飲めるようにはなりません。が、お酒を飲めなくても飲み会を楽しめるようにはなりますし、飲める人に対して引け目を感じることもなくなります。

自己肯定感というのは、そういう「感情的効果」をもたらすものなんです。

それに自己肯定感は、「こんな自分はダメだー！」と思ってしまったときに「ああ、また自分を責めちゃったな。ダメじゃないぞ、自分」と言い続けてあげるだけで、自然と上がっていくものです。

TOEICの点数とか営業成績のように、頑張って上げるようなものではないのです。
だから、ワークを必死にやったり、無理して自分を変えようとする必要はありません。

真面目な人ほど頑張っちゃうんですけど、しなくていいんです。
考え方、捉え方をちょっと変えてみるだけ。

8・自分の選択に自信を持てないあなたへ

私の熱心な読者さんたちに聞くと、めちゃくちゃ耳に残る言葉があるそうです。

それが「好きにしたらええよ」という言葉。

私はよく、「どうしたらいいんですか?」という質問に対して「好きにしたらええよ」とお答えすることが多いのですが、こんな当たり前のように思える言葉が、案外みなさんに大切にしてもらえているようです。

こうした質問をされるシーンは数多くあるのですが、恋人との関係が最近うまくいっておらず、何とかまた前みたいに仲よくなりたいと思ってカウンセリングに来られた女性のケースを例にしてみましょう。

具体的に彼女のお話をうかがっていくと、恋人との関係に、過干渉な母親の存在が影響を与えていることが分かってきました。ということは、恋人との関係を改善するためには、ま

ず母親との関係を見つめ直していくことが有効なのだと考えました。

そのときに彼女から「これから、彼にどう接したらいいんでしょうか？」と質問されました。
その答えが「好きにしたらええよ」だったんですね。

そう伝えると「具体的にどうしたらいいのか教えてくださいよー」って言われたのですけれど、本当に好きに振る舞ってもらっても大丈夫なので、そうお伝えしたんです。

人間関係において、私はつけ焼き刃なテクニックはあまり意味がないと思っているんですね。本質が変わっていないのに表面上だけ変えたとしても、その関係は長続きしません。

だから、その本質を変えるために、まずは母親との関係に注目したほうがいいと考えたのです。
母親との関係を見つめ直し、自分自身の対人関係における根

本的な意識が変われば、自ずと恋人との関係も変わっていくでしょう。

また、自分で考えて決めることが大事だという思いもありました。

自分で決めて動くのって勇気が必要じゃありませんか？　自分の決めたことって、何だか自信が持てなくないですか？　自分で決めた何かよりも、カウンセラーに決めてもらった何かのほうが安心だし、確実にうまくいくような気がしますよね。

けれど、ずっとそうしていると「自分で考えて物事を決める」ということが苦手なままになっちゃうんですね。

特に先ほどの例で紹介した彼女は、これまで過干渉な母親にあれこれと口出しされてきたので、自分で物事を決めることがとても苦手だったんです。

だから、どう振る舞うのかを自分で考えて決めるレッスンとしてそうお伝えした、という理由もあります。
それに「ちゃんとしなきゃ」とか「間違えちゃいけない」という思いも強く持っていたので、「好きなようにする」ということ自体がチャレンジャブルな課題になるとも考えました。

あなたには今、「どうしたらいいんだろう」と悩んでいることがありますか？

もしあるのでしたら、悩む必要はありません。
答えはただ一択、「自分の好きなほうに進む！」です。

それが結果的に間違いだったとしても、この経験は何にも代えられない、あなただけの財産になります。

ちゃんとするよりも、
ふわっとした生き方が自分に
合ってることもあるんだぜ？

9. 人生の迷子になっているあなたへ

カウンセリングのテーマの中には「自分らしい幸せな生き方とは？」という、仕事や家庭、趣味、友人付き合いなどのバランスを考えていくものがあります。

ある人は仕事が中心。好きな仕事をバリバリこなして稼ぐのが自分に合っている人。
またある人は家庭を軸に生きていくのが合っているタイプ。家事や育児に喜びを覚える人ですね。
またある人は趣味や推し活に生きる人。趣味が中心になるから、仕事への情熱はあまり高くありません。
仕事が中心と言っても、会社員が向いている人もいれば、フリーランスとして活動するほうが楽しい人もいるし、いくつかの仕事を掛け持ちして、自由に生きるのが好きな人もいますから、「自分らしい幸せな生き方」って一概にはまとめられないものです。

だけど中には、「コレ！ といった明確な生き方を持たず、そのときどきで自分が好きなこと、楽しいことをしながら、

ふわっと生きるのが合っているタイプ」という方もいらっしゃいます。しかも、かなりの割合で。

心理学用語を使うと、そういうタイプの人は「女性性がとても優位」と表現できます。
理性や思考、ルールよりも気分や感情、感覚的なものを重視する価値観を持った人たちです。

そういう人はきっちり物事を進めることが苦手で、気分のアップダウンに左右されやすく、飽きっぽいところもあるので、ひとつのことが長く続けられません。
「何をしても中途半端」で「何ひとつ極められていない」というコンプレックスを持ちやすいのですが、その分、いろいろなものに興味を持ちやすく、その都度楽しいこと、面白いことを見つけるのが得意です。

だから女性性が優位な人はいろんな趣味を持っていたり、流行に敏感で頻繁にファッションを変えたり、ランチに行くの

も、デカ盛りの海鮮丼よりもいろんなものを好きなだけ食べられるビュッフェスタイルのほうを好んだりして「広く浅く」をモットーにしているようなところがあります。

でも、そういうふわっとした生き方というのは社会的にはあまり認められづらいところがありますよね。

だから、もっとちゃんとしなきゃ、しっかりしなきゃ、と思ってしまうかもしれませんが、性格的にそういうのが向いていないのですから仕方がありません。無理にきっちりしようとしなくていいのです。何の問題もありません。
「あれこれ考えずに今を楽しむ」ということは、むしろ、その人にしかできない素敵な生き方なのです。
そしてこのタイプにとっての課題は、頑張ってきっちり生きようとしないことです。

私に当てはまっているかも……と思った方は、一度力を抜いて、それで全然いいんだと思ってみてください。

それだけ悩む
ってことは、それだけ大事な
ことなんだよね。

10・悩み事をたくさん抱えているあなたへ

私たちはどうでもいいことで悩みません。
だから何かで悩むということは、それが自分にとってとても大事なものであることを教えてくれているのです。

例えばあなたが、会社を辞めたいなあ、転職したいなあ、と思っていたとします。
でも、なかなかきっかけがなくて踏み切れず、そんな自分にモヤモヤしていたとしましょう。

そんなとき上司に呼ばれて別室に行くと、自分がリストラの対象になっていることを知らされます。

一瞬ショックを受けると思いますが、同時に「あ！ これはチャンスだ！」とも、思うのではないでしょうか？ なんなら「渡りに舟ってこういうことか！」と膝を打ってしまうかもしれません。

一方、あなたは住宅ローンを組んでマイホームを買ったば

かりだとしましょう。前から飼いたかった猫を2匹も迎え入れ、部屋のインテリアも最高に気に入ったもので揃えることができました。

そんなとき上司に呼ばれて別室に行くと、自分がリストラの対象になっていることを知らされます。

さっきとは違って、大問題になると思いませんか？
家のローンは？　猫は？　せっかくお気に入りの家を手に入れたのに？
ショックのあまり、目の前が真っ暗になってしまうかもしれません。

＊＊＊

同じ「リストラの対象になっている」という話なのに、そのときの状況によって、受け止め方がまったく違うのが分かりますよね？　あるときは「チャンス！」であり、またあると

きは「ピンチ！」なのですから。

ローンで購入した家が大切であればあるほど、リストラの悩みは深まりますよね。
大事なものだからこそ、悩むのです。

つまり「悩み」というのは、私たちが自ら作り出しているもの。
誰のせいでもない、すべての悩みは自作自演なのです。

* * *

そうすると、あなたが今悩んでいることこそが、あなたが本当に大事にしたいものだと気づくはずです。
とはいえ、この理論は一筋縄ではいかないものでもあります。

婚活がうまくいかなくて悩んでいるとしましょう。
この悩みから、家族を持つことが自分にとって大事なんだ、

という解釈もできますが果たしてそれだけでしょうか？

周りの人の目が気になる、親を安心させたい、友人や同期に追いつきたい、昔の男をぎゃふんと言わせたい、早く今の会社を辞めたい、のような悩みの理由も考えられるはずです。

そうするとあなたにとって大事なものは、周りの人からの評価であり、親であり、競争に勝つことであり、復讐であり、会社を辞めることなのかもしれないのです。
その大事なものがいいのか、悪いのかは置いといて、今抱えている悩みから自分が大事にしたいものに気づけると、その問題の本質がよりはっきり見えてきます。

「なんで婚活がうまくいかないんだろう？」という悩みから、「ああ、私は親のことを本当に大切に思っているんだな」と気づくことができれば、「もっと親孝行をしよう。こんど食事に誘ってみよう」などと思えるでしょう。
また、「同期や友人に負けてる感じがイヤだったのか。私っ

て競争心が強いのかな？」という問題に気づければ、その競争心を手放すことが目標になるかもしれません。

さらに「ああ、あの男のこと、まだ許せてないんだな」と気づけたら、「まだ次の恋にいく準備ができていないのかもしれないから、もう一度あの男と向き合ってみよう」と新たなテーマが出てくるかもしれません。

この話は実際のカウンセリングを元にしているのですが、そうして自分の悩みから問題の本質が見えてくると、不思議と力が抜けるものでして、さらに実際に親孝行をしたり、競争心を手放したり、昔の男への気持ちを整理したりしていくうちに「そのうち素敵な男性が現れて結婚できるような気がしてきた」と婚活への気持ちそのものが変化することも珍しくないのです。
あなたの悩みは、あなたにとって大事なものを教えてくれます。
それに真摯(しんし)に向き合ってみると、状況は変わらずとも悩みが解消していくことはよくあるのです。

11・怒るのが苦手なあなたへ

さすがに怒っても
いいと思いますけど。

例えば、恋人が約束をドタキャンしてきたとき。しかも、2回続けて。
例えば、職場でとても理不尽な扱いをされたとき。
例えば、親から自分は何もしていないのに「あんたが悪い」と決めつけられたとき……。
あなたは素直に怒ることができますか？　それとも、ただただ悲しいと、落ち込むだけでしょうか？

そもそもあなたは、誰かに「怒る」ことができますか？
友人から「えー、それって怒ってもいいことなんじゃない？」とか「なんで怒らないの？」と、指摘されたことはありませんか？

もちろん、寛容(かんよう)な心の持ち主で、他の人だったら怒るようなことでも自分は何とも思わない、という方もいるかもしれません。
けれど、そのときは平気だったのに、あとあと思い出したら、なんだかムカついてきた！　イライラしてきた！　とい

う経験があるならば、もしかしたらあなたは、<u>他人に怒ることを自分に許せていない</u>のかもしれません。

もし、自分が怒っちゃったらどうなると思いますか？
地球を爆破させちゃうと思っていますか？
それとも、周りから総攻撃を受けると思っています？
あるいは、怒りを出した自分に幻滅しちゃいますか？
みんなドン引きしちゃって、ひとりぼっちになると思いますか？

あなたはなぜ、そうやって「怒る」ことを怖いと思っているのでしょう？

そんな対話を自分と交わしてみてもいいかもしれません。
答えは出なくてもいいのです。
自分とお話しすることが大事なんです。

でも、あなたの悩みは「怒れない」だけでしょうか？
面白いことがあったときに大笑いできていますか？

辛いことがあったときに泣けていますか？
寂しいときに寂しいって言うの、苦手じゃないですか？

もしかしたら、感情を表現すること自体が苦手なのかもしれません。

幼少期を思い出してみましょうか。

子どもの頃は元気いっぱいで、泣いたり笑ったり怒ったり、感情を素直に出せていたのに、いつの間にか、自分の感情を抑えるようになっていたかもしれません。

子どもの頃から大人しくて、親から「手のかからない子」と言われてたとすると、感情を表現するのが苦手になるかもしれません。

兄がヤンチャで親が困っている姿を見てきたから、自分は迷惑をかけてはいけないと、グッと自分の気持ちを我慢してき

たのかもしれません。

親がとてもヒステリックで怒られてばっかりだったから、怒りを我慢してクールに振る舞うようになってきたのかもしれません。

子どもの頃は元気だったのに、学校で友人とうまくいかないことがあって、いつの間にか自分を出せなくなったのかもしれません。

今、この文章を読んでどんな気持ちになっているでしょうか？

自分の気持ちにまずは目を向けることが大事です。
言葉にするのはそのあと。

自分の気持ちを、ただ感じるだけでいいのです。
もし、気持ちが溢れてくるのであれば、それを目の前のスマホやノートに綴ってみましょう。ただ書きなぐるだけで、十

分です。

そうすると、気持ちが少し外に解放されてすっきりしませんか？

そうして自分の心と対話して、自分の気持ちが分かるようになって、スマホにその気持ちを書けるようになってくると、人にも自分の気持ちが言えるようになります。

感情を表に出す練習って案外、大人のほうが必要だったりするんです。

理不尽な攻撃って
ほぼ嫉妬やから
気にせんとき。

12・他人からの攻撃に傷ついているあなたへ

他人から、訳の分からん攻撃を受けたことってありますか？　自分と全然関係ないことで怒られたり、まさにイチャモンをつけられたりしたようなこと。
根も葉もないうわさを流されたり、陰口を言われたり。

当然、すっごくイヤな気持ちになるんですけど、そうした筋が通らない攻撃ってほぼ嫉妬が原因です。

そう、信じられないかもしれないですが、あなたはその人に嫉妬されているんです。

「えー！　なんで？　あの人のほうが仕事ができるし、人望だってあるし、学歴だって上だし、全然私よりきれいなのに？」

そう、それでもあなたの何かに嫉妬しているんです。

例えば、恋人がいること、お母さんと仲よしなこと、友人が多いこと、性格がいいこと、とか。

自分では大したことないと思っているようなことでも、相手からすればすごく価値のあることって実はたくさんあるものです。

だから、むしろ「自分には大した価値もない」と思っている人ほど嫉妬される危険性が高いのです。

＊＊

親が子に嫉妬する。
先生が生徒に嫉妬する。
上司が部下に嫉妬する。
夫が妻に嫉妬する。

実は、嫉妬ってたくさんあります。

「あんたは気楽でいいわよね。あたしがあんたくらいのときは受験受験ですごく大変だったんだから」

「俺らは何かあるとすぐに怖い先生から殴られたんだぞ。お前らは殴られたことなんてないだろ？」
「君らは恵まれてるよ。俺が君らの年次の頃は先輩の誘いなんて断れなかったぞ」
「お前は実親と仲がよくていいよな。何かあったらすぐに実家に帰ればいいもんな」

まさかその人からの理不尽な攻撃の原因が嫉妬にあるだなんて思わないものですから、多くの人は、「嫌われてる」「何かミスをしたんだ」「自分は何をしてしまったんだろう」と痛くもない腹を探らなきゃいけなくなるのです。

だからとりあえず、「理不尽な攻撃は嫉妬されてる、どこに嫉妬してるのかは知らんけど」と思っておいてください。

この考え方が、あなたの心を守る盾となるはずです。

とりあえず
「自分はかわいい！」って
思っておけば大丈夫。

13・自分に自信を持てないあなたへ

自己肯定感をあげるエクササイズというと少し大げさな感じがするのですが、とても効果的なんだけど、多くの人が「本当に？」と疑い、そしてちょっと恥ずかしいという理由から敬遠されてしまいがちなワークがあります。

それが"何が起きても「あたしがかわいいから」と思っておけ！"というもの。

まじめにやってはいけません。
ゲーム感覚でやってみてください。

ちなみにこのワークとセットで提案しているのが"鏡や窓ガラスに映る自分を見たら「あら、かわいい」とつぶやいとけ！"というもの。

このワーク、頭のネジを数本抜く効果がある、というか、ネジを数本ぶっ飛ばさないとできないワークでもあるので、特にまじめな方、しっかり者をやっている方、完璧主義な方に

おすすめしたいところです。

やり方は実に簡単。何かと「あたしがかわいいから」という理由をこじつけるだけです。
※男性の方は「俺がかっこいいから」に置き換えてください。

"ホームに着いたら電車が行っちゃった！　あたしがかわいいから照れちゃったのかしら？"

"注文した料理があたしの分だけこない！　あたしがかわいいからシェフが気合を入れて作ってくれてるんだわ！"

"上司からミスが多いとネチネチ説教された！　あたしがかわいいから少しでも長く一緒にいたいんだわ！"

"婚活アプリでなかなかいい人とマッチングしない！　あたしがかわいいから、素敵な男性はみんなもっといい男になろうと自分磨きをしてるんだわ！"

"ちょっといい感じの人とデートしたのに連絡が取れなくなっちゃった！　あたしがかわいいから自信がなくなっちゃったのかしら？"

ね？　まじめに取り組んじゃダメなワークでしょう？
ゲーム感覚でやらないと到底できないと思います。

それに、なんだかすごい勘違い女になりそうで不安になるでしょう？（それはないのでご安心ください）

でも、できごとのすべて（特にネガティブなできごと）を「あたしがかわいいから」と理由づけしてみると、くすっと笑えてきませんか？

これが大事。
何事も深刻に受け止めすぎずに、くすっと笑えるくらいで考えたほうが自己否定が減るんです。

自分を否定する時間が減るんだから、自然と自己肯定感は上がっていきます。
自分のことがどんどん好きになっていきます。
そして、本当に自分のことをかわいいと思えるようになります。

いえいえ、これは勘違いじゃありません。
外見はともかく（!?）、内側から醸し出される雰囲気は確実にかわいくなっていくんです。

これを試された方々は表情が明るくなったり、笑顔が自然と出るようになったり、あれこれ考える時間が減ったり、体（心）が以前よりずっと軽くなったり、何かが明確に変わったわけではないけど生きやすくなったり、いろんな変化を体験されています。

そして、なんと周りの人たちからの評価も変わり、不思議なことに人間関係が良好になるんです。
愛想がよくなったのか、初対面の人から気に入られることが

増えた方もいましたし、友人が増えたとおっしゃる方もいました。

数週間このワークに取り組めば効果を実感できると思いますし、何より人生が楽しくなるので、自然と続けられるようになる方が多いです。

簡単に人生を変えたい方にガチでおすすめなのですが、信じてくださいますでしょうか？

大丈夫、あなたはとってもかわいいです。

たまには「悪い人」に なっちゃうことも ありますよね。

14・「いい人」に疲れてしまったあなたへ

「いい人」になりすぎていませんか？
「いい人」でいようと、ちょっと頑張ってしまっていませんか？

いい社員、いい先輩、いい恋人、いいお客さん、もっと言えば、家ではいい子を、学校ではいい生徒をやってきた過去があるかもしれません。

ずっとそれじゃあ、疲れますよねー。

人に会ったあとにどっと疲れを感じちゃう、という方によくお会いします。
そういう方たちって、根がいい人なんですよね。
だから、頑張って相手に話を合わせたり、帰りたいのに無理にニコニコして付き合ったり、相手の望む自分になろうとしちゃうんですよね。

本当にいい人なんです。いい意味で。

だから、それ以上いい人になる必要はありません。ふつうにしていて大丈夫なんです。
聖人君子にでもなるつもりですか？

でも、そんなことを言われると、逆に次は「ふつうにしておく」ということを意識しちゃいますよね。
それで挙動不審になっちゃったりして。

だからやっぱり、頑張っていい人になろうとする人が多いんですけど、それってしんどいし、疲れるし、ストレスが溜まります。
そして、そのストレスって自分が思っている以上に膨大で、知らず知らずのうちに臨界点(りんかいてん)を越えてしまいます。

そうすると今までいい人だった分だけ「悪い人」が自分の中から出てきちゃうんです。

例えば、失言とか。はずみで言ってしまったひとことを、あ

とからすごく後悔したことはありませんか。
どうしてあんなことを言ってしまったんだろう。
すごくひどいことを言って、傷つけちゃったんじゃないかな？
嫌われちゃったらどうしよう？

ときには何日も引きずってしまうことも……。

「でもまあ、そういうときもあるよね」
いつもいい人をやってきたんだから、ときには悪い人にならないとバランスが取れないですよね。

ふとした瞬間に悪い人が出てきちゃって、落ち込んだり、悩んだりしたときは、今まで自分が積み上げてきた「いい人貯金」を1回、見てみませんか？
その人に今までしてあげたこととか、頑張ってその人のためにしたことが貯まっている貯金箱。

あなたの貯金箱には、十分ないい人貯金があることに気づく

でしょう？
だから「ま、大丈夫だろうな」くらいに思っていいんです。

もし、どうしても気になるなら「ごめんなさい」を言えばいいです。それで十分。
そこでまた、ますますいい人になろうとか思わないことです。

でも、やっぱりどうしてもいい人をやってしまうなら、悪い人になる前にちゃんと自分をケアしてあげたいですよね。

まずは、頑張ってる自分をほめてあげましょう。
えらいねー、頑張ってるねー、って自分の体をなでてあげましょう。
おつかれさまって、自分をハグしていたわってあげましょう。

ちょっとしたご褒美をあげるのも大事。
お気に入りのボディクリームを、丁寧に丁寧に塗ってあげます。
こういうときのために買っておいたワインを、ゆっくりいた

だきます。
休日の朝はだらだらして過ごすことを、自分に許可してあげます。

他人に対していい人でいたがる人は、自分に対しては悪い人ってことが多いです。
他人には優しくするけど、自分には優しくできない。だから、意識的に自分をねぎらってあげないといけません。

自分をいたわることを、もっと頑張るのです。

そうして自分が笑顔でいられるように心を回復させてあげてください。
そしたら、また自然といい人が出てくるようになります。

「もういい歳だし」 って都合のいい 言い訳じゃない？

15. 自分の年齢を気にしすぎてしまうあなたへ

人目を気にして「相手にどう思われるかな？　変だと思われていないかな？」と心配になる方ほど、年齢を過剰に気にされていることが多いような気がします。

でも、「もういい歳だし……」を理由に諦めることで、しなくて済んでいることもあったりしませんか？

別に興味がないことに対する言い訳ならいいんですけど、本当は興味があることまでも、年齢を理由に我慢していたら、いつか後悔する日がくるんじゃないでしょうか。

ここに向き合うのは少しイヤな気持ちになるかもしれませんが、年齢を理由に諦めたこと、しないでいること、目を背けていることは何だったのか、考えてみてください。

自分の好きな服を着ること。
何か新しいものにチャレンジすること。
以前からあるコンプレックスを克服すること。

少し遠いところに旅行すること。
「若い子」が好きなアーティストのライブに行くこと。
友人や同僚とオールする勢いで飲み歩くこと。
カラオケボックスで大騒ぎすること。
興味のある業界に転職すること。
興味があるものを学び始めること。

いろんなジャンルに目を向けてみると、意外と出てくるかもしれません。

このままだと、これら全部が後悔のタネになっちゃいますけどどうしましょう？

* * *

例えば、私の常連さんの中には30代や40代で看護師や美容師、保育士になられた方がいらっしゃいます。

若い子たちに交じって何年も勉強をするのは恥ずかしい気持ちもあったけれど、実際に学校に入ってみたら、20歳前後の同級生からバカにされるどころか尊敬されるし、勉強は大変だったけど資格を取れたことで自信がついたし、チャレンジして本当によかったとおっしゃっていました。

また、40代、50代になって海外に移住する方も最近は増えてきました。
「英語？　向こうに行って頑張って勉強するわ！」と力強く宣言されて、私の知り合いも何人か移られています。
ビジネスで成功して移住された方ばかりでなく、若い頃からの夢だったからと現地で仕事を見つけて移住した方もいます。

かつて私が参加したセミナーに、90代のおばあちゃんが受講生としていらっしゃいました。なんと彼女、70代で乗馬を始め、80代でバイクに乗り始め、その翌年にはスペイン旅行を決めたのだそうです。
この話を聞いたとき、年齢を理由に諦めることはできない

な、と思ってしまいました。

＊＊

「もう歳だし」と思って、オシャレを控えめにしていた奥さまをカウンセリングしたこともあります。夫が浮気をし、離婚を宣言されたそうです。
聞けば、かつてはギャルで超ミニスカートに胸元がばっちり空いた服を好んで着ていたそうですが、結婚もしたし、30代だし、ということでそういう服はやめにしたのです。

そして、びっくりしたのが夫の浮気相手。
なんと超ミニスカートに胸元がばっちり空いたギャルだったのです。

めちゃくちゃショックを受けたと同時に悔しくなって、数年ぶりにギャルファッションに戻しました。「やっぱりこっちのほうがあたしらしいわ」と実感したそうです。

そして、1か月前とは打って変わった姿で登場した彼女にまた私はびっくりさせられたのですが、どうやら夫との関係も改善に向かっているそう。

もちろん、ファッションだけが浮気の原因ではないのですけれど、年齢を気にして我慢したことが災いをもたらすこともあるようです。

* * *

アラフォーの常連さんがあるとき、「信じられないことが起きた」とカウンセリングに来られました。なんと20代半ばの男性から熱烈に口説かれているとのこと。
「彼のお母さんのほうが私と年齢が近いんですよ！　そんなの無理に決まってます！」と彼女は彼の好意を頑(かたく)なにスルーしていました。

「彼は年齢は関係ないって言うんですけど、それは彼が若くて

まだ世間をよく知らないからだと思うのです。こんな年の離れた妻を持つなんて、みんなから笑われるに決まってます」
しかし、そんな頑なだった彼女に、"若くて世間知らず"なはずの彼はまっすぐ紳士的に向き合っていきました。
何度も話し合う中で愛情を伝えられ、彼女が心配していることをすべて解消してくれようとしている彼の姿に、彼女の心がぐらつきはじめたのです。

「ずっと世間知らずの若者だと思っていたけど、子どもだったのは私のほうだったみたいです。彼は私よりずっと大人でした」

* * *

年齢はただの数字の羅列(られつ)です。
確かにお酒やたばこを嗜(たしな)むには法律で年齢制限が定められていますし、それなりの年齢になれば運転免許の返納が話題にのぼります。

しかし、それ以外のことはほとんど「自分が勝手に定めた年齢制限」なのではないでしょうか？
そんな制限に縛られて不自由になってしまうのは、あまりにもったいないと思うのです。

まずは何かひとつ、年齢制限を外してみませんか？
「なーんだ、もっと早くやっておけばよかった」と思えるはずです。

> みんなにしてあげてることを
> 自分にもしてあげれば
> いいんだよ。

16・自分に厳しくなってしまうあなたへ

私たちは自分にとても厳しいです。
他人に対しては優しくできるのに、なぜか自分に対しては鬼
軍曹(ぐんそう)になります。
周りの人は大切にできるのに、自分のことはずいぶん雑に
扱っちゃいます。

でも、自分が自分にしてることって目に見えないですし、音
も聞こえないですよね？
だから、そこまでひどいことを自分にしてしまっていること
に、なかなか気づけないんです。
「みんなも、こんなもんなんじゃない？」って。

例えば、何かと人と比較して落ち込む癖のある方がいます。
「あの人はこれができるのがすごくて、この人はあんなこと
ができるのが羨ましくなるほどで、なのに私は何もできなく
て最低！」と。

また、自分の価値や魅力を絶対に受け取らないように頑張っ

ちゃう人もいます。
「周りの人は優しいって言ってくれるけど、そんなのどうせお世辞だし、頭の回転が速いって言われたって私より頭のいい人なんてゴマンといるし、仕事ができるって言われたら社畜だからと思っちゃうし、きれいとかかわいいとか言われてもそんなことないし、と思ってる」

本当はこんな風に、「長所→短所」の変換を即座にしちゃうくらい頭のよい方なんですけどね。
でも、そうやって自分を落としたって何も解決しなくて、逆に気分が落ち込んでイライラしたり、「私って本当にダメ」って自分を責めるばかりになって、どんどん自信を失ってしまいます。

だから、みんなにしてあげていることを、自分にもしてあげましょうよ！

友人が悩んでいたら話を聞いてあげるでしょう？

じゃあ、自分の悩みも聞いてあげましょうよ。

あなたは、友人の話をどうやって聞きますか？　優しく受け止めて、うんうん、大変だったねって共感しながら聞いてあげるでしょう？
じゃあ、自分の話も同じように聞いてあげられていますか？
話を遮(さえぎ)って説教しちゃっているんじゃないですか？

後輩には「無理しなくていいよ。今週大変だったから今日は早く上がって大丈夫よ」と言ってあげていませんか？
それを、後輩だけじゃなく、自分にも言ってあげてほしいんですよ。
「私、今週は本当によく頑張ったー！　えらい！　だから今日くらいは早く上がっちゃってOK！」って。
"自分を大切な友人のように、かわいい後輩のように扱う"

これもまた、自己肯定感を上げて自分を受け入れる方法のひとつです。

17. 他人に弱さを見せるのが苦手なあなたへ

弱点とか欠点とかが見えると人間らしくていいなって思うんですよね。

子どもの頃からずっと「優等生」をしてきた方も、この本を手に取ってくださっているのではないでしょうか？

そんなみなさんにお聞きしたいのは「弱点とか欠点とかを、周りの人に隠しちゃっていませんか？」ということ。
そういうところを見せるのがなんか恥ずかしいような、プライドが邪魔するような感じはしませんか？

後輩から「自分はこういうところがダメなんです。もっとこうしたほうがいいと思うんですけどできないんです」と泣きつかれると、なんだかそうやって、他人に素直に弱さを出せるところが羨ましいと思ってしまいませんか？

自分はちゃんとしていると思うし、ちゃんとしなきゃと思っていると、他人に弱さを出せなくなって、いつも「正しく」「強く」「優秀で」いなければ、と思い込んでしまいます。

周りの人たちが自分を信頼してくれているのは分かるけど、

そんな自分にちょっと疲れちゃうこともあると思います。

カウンセリングの現場では、そんな風に優等生をずっと頑張ってきて燃え尽きてしまった方によくお会いします。

そんな方には、こんなお話をするんです。

「カウンセリングに来るのって勇気が要りませんでしたか？ それからこんな自分が相談に行ってもいいのか、他に必要な人がいるから遠慮したほうがいいんじゃないかとか考えちゃいませんでしたか？」

なかなか周りの人に言えない、相談できない話ができるのがカウンセリングの場と言ってもいいですから、私はそんな方々に数多くお会いしてきたんですね。

「頑張りすぎましたねー。積載容量(せきさいようりょう)をだいぶオーバーして走り続けてきたことに気づいてました？　もう、ほんと限界

だったんだろうと思いますよ」

そしてさらに、こんなお話をさせてもらいます。

「私たちはね、長所で人を愛し、短所で人に愛されるっていう特徴があるんです」

それで、こんな「イメージワーク」をしてもらうこともあります。

* * *

ちょっと目を瞑って想像してみてくださいね。
あなたが一番頼りにしている人、あるいは、頼りたいなと思う人をひとり思い浮かべてみてください。
職場の人でも、家族でも、友人でも、もちろん恋人でも構いません。

その人が目の前にいるって想像してみてください。

そしたら次の言葉を声に出して伝えてもらえますか。

「私、本当は弱いんです」
「私、そんなに強くないんです」
「私、全然いい子じゃないんです」
「私、ずっと苦しかったんです」

もし、ここで別の伝えたい言葉が出てきたら、それも伝えてみてください。

目の前のその人はどんな表情をしてあなたの声を聞いていますか？

* * *

実際にカウンセリングルームでこのイメージワークをしていただくと、途中から涙があふれてきてしまう方も少なくありません。

ずっと弱い自分を隠してきたんです。
いい子でいなきゃいけない。
迷惑をかけちゃいけない。
強くならなきゃいけない。

そんな頑張り屋さんなあなただから、その後ろにはずっと隠してきた弱い自分がいるんです。
今日はその子を日の当たる場所に出してあげよう、というセッションです。

そうして自分にひとつ教えてあげます。

「ときには弱さを出しても大丈夫だよ」と。

そう思えるだけで、ずいぶんと肩の力が抜けて楽になってきませんか？

18.頑張りを周りにアピールするのが苦手なあなたへ

おれは
ずっと頑張ってたの
知ってたよ。

自分なりに一生懸命頑張ってるんだけど、なんか報われないなあ、という経験をしていませんか？

今年もとある常連さんが「自分なりに頑張ってやってんだけどさ、それなりに成果だって上げられてると思うんだよ？でも、今年も昇格できなかったんだよね」と愚痴っておられまして、「そりゃあ、あんたが頑張り屋さんなことくらい十分知ってるよ」とお答えしたのですが、拗ねモードの彼女は「根本さんが認めてくれても昇格しないもん」と机に突っ伏して駄々をこねておられました。

でも、彼女が入社2年目の後輩の面倒をよく見ていたり、マネージャーでもないのに仕事量の調整を内々でやっていたり、別部署の後輩のミスをフォローする働きをしていたり、必要不可欠な戦力になっているのは、事実なんですよね。

けど、そういう仕事のほとんどが「名もなき仕事」で、社内評価の対象外じゃないですか。

どれだけメンバーの潤滑油(じゅんかつゆ)になれていても、会社からはあまり評価されないのが現実なのです。

「上司は頑張ってくれたらしいんだけど、人事との会議で通らなかったんだって。それで、ごめん！　って言われてさ。ビールおごってくれたのは嬉しかったけど、私の何がいけなかったんだろう」
「上司は認めてくれてるんだ」
「うん、上司は認めてくれてるよ。けど、人事は認めてくれないの」
「昇格したい？」
「本当はあんまり興味ない笑。だけど給料上がるしいいなって思ってる。それにちゃんと評価されてるってことじゃん？」
「上司はじめ、周りの人はすごく認めてくれてるんでしょ？」
「うん、たぶん私がいなくなったらうちの部署は大変だと思う。後輩ちゃんたちも私のことすごく慕ってくれてるしね」
「じゃ、上司だけじゃなくて先輩たちにもこの1年ビールおごってもらったら？」

「あ、それいいかも。こんど飲み会あるから言ってみる。まあじゃあ、それでいいか」

あなたの頑張りは誰かが見てくれている、とよく言われますけど、具体的に誰が見てくれているかはやっぱり大事ですよね。彼女の場合、その頑張りを人事は見てくれていなかったけど、上司や同僚はちゃんと見てくれていました。

自分が頑張ってきたことが、昇格とか昇給のような目に見える形として報われないのは確かに悔しいと思います。
だけどそうした形じゃなくても、例えば小さな声掛けやチャットのメッセージ、ビールなどのような形で、誰かが自分の頑張りを認めて、気づいてくれていると分かるのも、とても嬉しいことだと思います。

大丈夫。あなたのことも、ちゃんと見てくれている人がいるはずです。
あなたの頑張りを見ていて、分かってくれていても、何も言

えない人だっているんです。
あなたが自分の頑張りを周りにアピールするのが苦手なのと同じように、その人も恥ずかしくてできないんです。

だから具体的に探してみてください。
あなたの頑張りを認めてくれそうな人。きっとすぐそばにいるはずです。

でもいきなりそんな人は見つけられないと思います。だから今は物足りないかもしれませんが、本書で少し満たされてもらえたら嬉しいです。

「おれはずっと頑張ってたの知ってたよ」

* * *

だけど、カウンセラーとして見ると「じゃあ、誰が一番あなたのことを認めてあげていないんですかね？」という意地悪

な質問が浮かぶわけです。

もしかしたらそれは、「自分自身」かもしれません。

承認欲求が強くて、他人からの評価にこだわりすぎていると、自分で自分を認めてあげることが意味のないことのように感じてしまうものです。

でも、他人があなたを認めてくれても、まずは自分で自分を認めるという土台がないと、それを受け取ることができないんです。

だから、やっぱり基本は自己承認です。
それに、自分で自分を承認してあげられるようになると他人からの承認をあまり期待しなくなるんです。

だから今日は自分の頑張りをたくさん認めてあげる1日にしましょうか。

自分にとことん正直に生きてええんよ。

19・断るのが苦手なあなたへ

調和を大切にする日本人にとって、自分に正直に生きるというのはとても難しいと思います。
だって何だか、周りから嫌われそうでしょう？

だから、私たちは少なからず自分にウソをついて生きているんです。

本当はやりたくないことを、無理して頑張ってやっているんです。

日常を振り返って、どんなことがそれに当たりますか？

本当は仕事なんかしたくない。
あんな事務仕事、本当はしたくない。
あの上司の下でなんか働きたくない。
気を使ってばかりの職場に行きたくない。
生意気な後輩の面倒なんて見たくない。

でも、そんな気持ちにふたをして、気合を入れて、頑張っ

て、仕事に行っていますよね。
イヤなことも我慢して、頑張って、仕事をしていますよね。

そんな自分をほめてあげてはどうでしょうか？
だって、やりたくないことを一生懸命頑張ってやっている自分って、すごくないですか？

当たり前だなんて思わないでくださいね。
「当たり前」と思うこと自体が、あなたの幸せを減らしてしまっている原因なのです。

自分の気持ちに正直になって、そんな自分をほめてあげる。

これが「自分に正直に生きる」の第一歩だと思います。

* * *

自分に正直に生きるには、少しだけ"アホ"になる必要があ

ります。

自分に正直になったあなたが、誰かに迷惑をかけてしまうこともあるかもしれませんから、その誰かに「ごめん！」と素直に言える"アホ"になっておくんです。

それに私たちは、「こんなのやりたくない」「本当の自分は、こういうことがやりたいんだ！」って正直に言っている"大人"を見て"アホ"だと思ってしまうほどに、常に自分に不正直に生きているんです。

だから、アホになったつもりでわがままを言ってみなければいけないんです。

私が「アホになったつもりで、わがまま言ってみれば？」と、女性の常連さんに提案したこともあります。彼女は実際に、職場で少し正直になってみてくれました。
飲みの場があまり好きじゃない彼女は、勇気を出して、職場

の飲み会に参加しないと答えたのです。
すると同僚から「えー、なんで？」と小声で聞かれたので、「だって私、お酒飲めないもん」と正直に返したら、その同僚は「まあ、たしかにそれだと楽しくないもんな」と分かってくれたそうです。

彼女にとっては、信じられないことだったと喜んで報告してくれました。

また他にも「ちょっと今、余裕がないので他に回してもらえますか？」と、上司からの急な仕事の依頼を断ったり、「その会議、私が参加する必要ってあります？　急ぎでやらなきゃいけない仕事があるんです」と、自分の仕事を優先できたり。

自分に正直に生きたおかげで、自分のことを大切にできるようになれたんです。
「職場の人たち、すごく優しいんです。私が断っちゃっても、今まで通り変わらずに接してくれます」

そんなの当たり前ですよね。もしあなたが何かを頼んで、相手から断られちゃったとしても、相手のことを恨んだりしないでしょう？
それに、今までちゃんと頑張ってきたんだから、そんな小さなこと誰も気にしないんです。

* * *

だから私はよく、まずは職場から「正直トレーニング」を試してみて、と言います。

職場で正直にやってみたら、次は友人とか習い事の仲間で、そして最後に、恋人とか家族に対してやっていくのがおすすめです。

なぜなら、心理的に距離の遠い人からのほうが成功体験を得やすいからです。

そうしてとことん自分に正直になっていきます。
どんどん楽になっていくのが感じられるでしょう。

そして、意外なほど周りの人が優しく、寛容であることにも気づけるでしょう。

衝突することがないとは言えませんが、自分に正直になっている分だけダメージも少ないんです。

なぜそう思うのか。

例えば、先輩から飲みに誘われたけど行きたくなくて、それを正直に伝えてお断りしたとします。
この状況で考え得る最もイヤな返しは、先輩から「なんで？ 付き合いが悪いなあ」と言われてしまうことだと思います。
そう言われた直後はムカッとするでしょうし、悲しい気持ちにもなるかもしれません。だけど同時に、自分に正直に振る舞ったことへの達成感が得られます。

それに、考え方によっては、それだけっちゃそれだけです。
「付き合い悪い後輩で結構です！」って堂々と思っていればよいですし、その姿や印象が日々の業務の支障になることなんてほとんどないでしょう。

一方、誘いを断りきれず、自分にウソをついた状態で飲みに行ったとしたら、どんな気持ちになるでしょうか？
その飲み会が楽しくないのはもちろんのこと、自分に正直になれなかった自分を責めると思いません？　飲み会が終わった後も数日間、次に誘われたときはどうしようか、と考えてしまうと思いません？

だから、自分に正直になっているほうがダメージが少ないんです。
みなさんも気楽に、自分に正直に生きてみてください。これはすごい大切なポイントです。

> 自己嫌悪がなくなると
> ヒマになって
> よく眠れるようになるんだぜ？

20．自分を好きになれなくて不安なあなたへ

以前ある常連さんが、
「自己嫌悪しなくなったらすごくヒマになったんです。しかも、夜もよく眠れるようになりました」
という報告をしてくれました。

それまでの常連さんだったら、例えば何か思い通りにいかないことがあると、その原因のすべてを自分のせいにして、自分を責め続けてしまっていたんです。
それが今は、まったく自分を責めないわけじゃないけれど、ほとんどしなくなったと言うんです。

「今までならそこからうじうじ1時間以上は引きずっていたのに、今は数分経つと『しょうがないよね』と思えるようになっちゃって、それ以上自分を責められなくなったんです」

これは、とても素敵な変化だと思います。
なぜなら、自分を責めるのも、自分に責められるのも、すごくエネルギーを使いますし、それ自体が大きなストレスにな

るからです。
さらにそこには、自分を責める時間も含まれます。

自己嫌悪がなくなって自分を責めることが減れば、当然ながらそこで消費されていたエネルギーや時間、生まれていたストレスも減ることになります。
ストレスが減ればその分、睡眠の質もよくなりますよね。

だから、常連さんのように自己嫌悪が減れば時間にも余裕ができるし、夜もよく眠れるようになるんです。

＊＊＊

みなさんは、1日の中でどれくらいの時間を自己嫌悪に費やしてしまっていると思いますか？
そして、それ自体が生み出すストレスってどれくらいだと思いますか？
自己嫌悪が習慣化してしまっていると、こうした浪費が当た

り前になっちゃって、なかなか気づけないんですよね。
だから、一度、振り返って考えてみましょう。

そして、自己嫌悪をしなくなった自分の姿を想像してみてほしいのです。

一般的には自己嫌悪をしなくなると、時間にも心にも余裕が生まれ、睡眠の質も上がると言われていますから、今と生活が一変すると言っても過言ではないと思います。

先ほどの報告をしてくれた彼女もそのあと、「視野が広がったのか、職場でいろんなことに気づけるようになり、同僚のサポートにも手が回るようになったんです。それに加えてもちろん、自分の仕事もしていますが、それでも時間的にも気分的にも全然余裕なんです」とおっしゃっていました。

「自己嫌悪って膨大な時間とエネルギーの消費なんですね」
そんな格言級のお言葉もいただきました。

＊＊＊

他にも自己嫌悪が減ったことで「肩こりや腰痛がマシになった」とか「集中力が増して仕事の効率がアップした」「目覚めがよくなって、朝を気持ちよく過ごせるようになった」「職場の人間関係がなぜか良好になった」「パートナーの愛を素直に受け取れるようになって絆が深くなった」などなど、様々なご報告をいただいています。

さてここまでくると、「じゃあ、どうやったら自己嫌悪をしないようになれるの？」という新たな疑問が生まれるかもしれません。
ですがそれは、この本を読んでいただければ自然とできるようになるかと思いますので、ご安心ください。<u>自己嫌悪って、ちゃんとなくなるんですよ。</u>

だから、「自己肯定感を上げたい！」「自己嫌悪をやめたい！」と、頑張って何かをする必要はないんです。

既にあなたは頑張ってるんですから、これ以上タスクを増やす必要はありません。

ただ本書を読んで、ところどころに散りばめられたワークを、気が向いたときにやってみて、なんだか心が少しでも動けば、もうそれだけでいいんです。

そのために、この本と動物たちがいるんです。

> 傷つくことがあったって
> あなたの価値は
> 何も変わらない。

21. 他人の言葉に傷つきやすいあなたへ

つい先日、3年付き合った恋人から「魅力を感じなくなった。女として見られなくなった」と別れを告げられた方がいました。
彼女は彼のことが好きでしたし、結婚を視野にお付き合いしていて、お互いの両親も公認でしたから、立ち直れないくらいのショックを受けて、しばらく廃人のような日々を送っていました。

カウンセリングにいらっしゃったのはその1か月後くらいでしたが、まだまだ憔悴（しょうすい）されている様子でして、彼とのことを話しながらたくさん涙を流されていました。
すっかり自信を失って、これからどうしたらいいのか分からなくなっているという彼女に、私はこう伝えたんです。

「どれだけひどい目に遭って、ボロボロになって、未来が見えなくなったとしても、あなたの価値は何も変わらないし、あなたの魅力は何も失われていません。今は信じられないかもしれないけれど、この言葉だけは覚えておいてください」

例えば、仕事でミスをして上司からめちゃくちゃ怒られたとしても、親から人格を否定されるようなことを言われたとしても、あなたの価値は何ら変わらず、無傷なんです。

だって、それは個人の意見じゃないですか。
勝手に相手がそう思っただけで、あなたとは関係ないじゃないですか。

こういう捉え方ができるのは「自分軸」が確立されているから。

「私は私、あの人はあの人」です。

実は、他人があなたを傷つけることってできないんです。
自分だけが自分を傷つけることができるんです。

大好きな人から「魅力を感じなくなった」と言われると、大好きな人の言葉を信じたい自分は、そのセリフをそのまま受

け取って、自分に向けて放ちます。それで傷つくんです。

その証拠に、好きでも何でもない人から「魅力を感じなくなった」と言われたらどうでしょう？　同じように傷つきますかね？　きっと、「は？　何言ってんの？　キモいわ！」とはねのけられますよね。真に受けることなんてしないと思うのです。

このように、同じセリフでも、それを受け止めるのかはねのけるのかは自分で選択しているんです。

だから、誰に何と言われようと、自分で自分を傷つけなければ、あなたの心が傷つくことはないのです。

大好きな人が言った言葉も、それはあくまでその人個人の思い。
そこであえて一線を引いて「自分軸」を意識してみるんです。

これって、自分で自分を守ってあげることでもあるんですよね。だから、もし他人から傷つけられるような言葉を言われたら、まずはこの言葉を思い出してください。

「傷つくことがあったって私の価値は何も変わらない」

そして、自分の好きなものを自分に与えてあげてください。好きなものこそ心の栄養源ですし、自分の心を守れても、そのためのエネルギーは消費しているはずだからです。

自分に、「自分の心を守ってくれてありがとう」ってご褒美をあげるんです。
そうすれば、あなたはもう大丈夫。

「重い女」って
そないあかんかな?
かわいいと思うんやけどな。

22・恋人に対して正直になれないあなたへ

この間、久々にカウンセリングに来てくださった女性（30代）がこう嘆いていました。

「好きな人ができるとな、自分がめっちゃ重たい女になっていくのが分かんねん。いちいち彼が何してるか気になるし、束縛もしたくなるし、他見んといてな、あたしだけ見てな、っていう気持ちになってまうし、相手の気持ちを何度も確かめたくなるねん」

重い女の「重い」って何か知っていますか？
そう、気持ち。ではそれってどんな気持ちでしょうか？

この答えのカギは「欲求」です。

好きになってほしい。
自分だけを見てほしい。
ずっと一緒にいてほしい。
今、何をしているかリアルタイムで中継してほしい。
本当の気持ちを知りたい。

ウソをつかないでほしい。

好きな人ができるとそういう欲求がいっぱい出てきますよね。この欲求が出てくるのは自然現象なんで当たり前なんですけど、そこで葛藤(かっとう)が生まれますよね。

そんなこと思ったらダメだ、そんなこと言ったら嫌われる、そんなに求めたら相手が窮屈になる、もっと我慢しなきゃ、本当に私のことが好きなのかな？　どこが好きなのかな？　だまされていないかな？　遊びじゃないかな？　みたいに。

それが「重い」のです。
でも、もっと正確に言えば、その葛藤を「隠す」ことが「重たさ」につながるんですね。

つまり、「私のことをもっと好きになってほしいけど、それを相手に要求したら困らせるし、そんなの無理なことだから、この気持ちは我慢しなきゃ」と思うことが「重い」のです。

逆に言えば、その欲求も葛藤も全部まとめてサクッと相手に出せたら、そんなに重たくならないんですね。

むしろ「かわいい」になるのです。

だって、それだけ恋に一生懸命なところって健気(けなげ)じゃないですか。
そして、自分のことをそこまで考えてくれるのって、彼からしたら嬉しいことじゃないですか。
だから、かわいく見えます。

* * *

カウンセリングでも「それだけ彼のことを考えているってちゃんと伝えたほうがいいよ」とお伝えしています。
忙しい彼の状態を考えて会いたいのを我慢しているとしたら、それは素直に伝えたほうがいいのです。

それに、会えないのと同じくらい、相手への気持ちを言わず

に我慢するって辛いじゃないですか。
そして、そうやって悩みすぎちゃうくらいあなたのことを想っているんだよ、ってことも知ってほしいじゃないですか。

でも、彼は全然そんなことに気づいてくれないから不満が溜まって「私がどれくらいあなたのことを考えているか全然分かってない！」と爆発してしまうんです。

言わなくても分かれ、というほうが無茶な話なのかもしれません。情報がないんですもの。

だから、そんなに溜め込んじゃう前に素直に言っちゃったほうが、彼のためにも、そして自分のためにもなるのです。
そしたら、その重さは「かわいい」範囲に収まるので。
あなたはかわいいし、あなたの考えていることも全部かわいいですよ。
恋愛になったからってそこは変わりません。だからそんなに怖がらないでください。

泣くことも大事よ？
泣けるって、
すごいことなんだよ？

23・泣くと謝っちゃうあなたへ

泣くって立派な感情表現のひとつなのに、泣くのは子どもの専売特許のように思っていませんか？

カウンセリングやセミナー中に涙が出てきて「すみません」っておっしゃる方がとても多いのです。
ときには涙があふれ出しちゃって、うまくしゃべれなくなる方もいらっしゃるのですが、「すみません。ちゃんとお伝えしなきゃいけないのに」なんておっしゃるんです。

泣くことって、わざわざ説明するまでもないかもしれませんが、大人にとってもすごく大切なことです。

だから、そういうときに私は「遠慮せずどんどん泣いてください」とティッシュをお渡しするようにしています。

＊＊＊

かつて、カウンセリングに泣きに来ているような方がいらっ

しゃいました。
辛くて苦しい恋をしていて、でも、仕事も頑張らなきゃいけなくて、行き詰まってカウンセリングルームにたどり着いたんです。

彼女、カウンセリングの時間中は毎回ずっと泣いていました。彼女が泣いている姿を見ても、私はほとんど言葉をかけることなく、彼女の言葉を待っていました。

「泣きたいだけ泣きましょうよ」

たぶん彼女には、他に泣けるところがないんだろうな、と思ったんです。ひとり暮らしだし、仕事が忙しくてなかなか友人と会う時間が作れないし、恋人はその涙の原因なわけだし。

部屋でひとりで泣くのって気持ちを発散するにはいいけれど、安心できる場所で誰かに見守られながら泣くのも、また

別の素敵な時間になるんじゃないでしょうか。
そして彼女は、カウンセリングの回数を重ねるにつれて涙を流す時間が少しずつ減って、笑顔が増えていきました。

辛い恋にケリをつけたときも、涙をたくさん流しながら「これでよかったんです」と自分に言い聞かせていました。

涙が、悲しみ、寂しさ、悔しさ、後悔、怒り、罪悪感、惨めさ、痛み、絶望、不安、疲れなどの気持ちを次々と流してくれたのです。

だからなのか、カウンセリングルームを出られる頃には、毎回いらっしゃったときよりも少しだけゆるんだ、柔らかい表情になっていました。

私はただそばにいて、ときどき漏れ出る言葉を聞いていただけ。
自分を責める言葉が出てきたときには「そんなに自分を否定

しなくていいですよ」とお伝えするだけ。
そうして1年くらいでしょうか。
「今日は泣かずに話ができました!」という日も増えていき、前向きな言葉が聞けるようにもなっていきました。

* * *

感情って次から次へ出てきます。

「あんなに泣いたのにまだ涙が出る」って不思議がる方もいらっしゃいますが、そういうもんなんです。
涙が出るときは、その流れに身を任せればいいのです。

そして、感情って地層のように折り重なっています。

だから、さっきまで悲しかったのに急に怒りが出てきたり、なんだか急にすごく寂しくなったり、不安でいっぱいになったりするんです。

そうして心の中にある気持ちを涙と一緒に流してあげると、どんどん心が整理されて軽くなり、すっきりするのです。

***

先ほど紹介した彼女、そこからさらに1年ほどが過ぎた頃でしょうか。

「この人と結婚するんです！」と婚約者を連れて、カウンセリングルームにあいさつに来てくださいました。

もちろん、今まで見た中で最高の笑顔で。

「そのままのあなたでいい」
って言われすぎて
ウンザリするよな。

24. ありきたりな言葉に飽きたあなたへ

ここにきて本書のタイトルと矛盾するような「ほめ言葉」で、困惑された方もいらっしゃるでしょうか。失礼いたしました。

でも、「そのままのあなたでいい」って言われたら、あなたはどんな気持ちになりますか？
私も、書籍やブログやセミナーなどでこのセリフをたくさん言っていますし、何なら本書でも同じような言葉が出てきます。

常連さんに聞いてみると、こんな答えが返ってきました。
「でも、全然パートナーができないんですけど？　と思っちゃう」
「そのままのあなたでいいなら、なんで彼は去って行ったの？」
「お給料が安くてかつかつの生活をしているから、そのままでいいとは思えない」
「いろんなところでこの言葉を聞いてうんざりしてる」

まあ、確かに……。(汗)

この言葉をそのまま受け取ってしまうと、何だかつまらないような、当たり障りのないような、きれい事のような言葉に聞こえると思います。
だけど本当は、私なりに思いを込めた言葉なんです。

「そのままのあなたでいい」ということは、今のあなたを丸ごと受け入れる（肯定する）ということで、まさに自己肯定感にまつわる言葉です。

これは言わば「現在地を受け入れる」ということを意味すると考えられます。

認めたくないかもしれないけれど、不十分だと思うかもしれないけれど、まだまだ足りないところがたくさんあると思うかもしれないけれど、これが今の自分じゃん！　だから、その今の自分を丸ごと受け入れて、そこから目的地（これから

のこと) を考えない? ということです。

例えば、筆者は今、大阪の自宅でこの原稿を書いています。明日からは東京出張なので、自宅から最寄りの駅まで歩いて、そこから電車で新大阪駅に移動し、新幹線で東京駅まで向かいます。

この東京行きの経路、自分が今、大阪にいるから言えることですよね。
もし、私が今横浜にいるのなら、新幹線で東京駅に向かおうとは思わないでしょうし、札幌にいるなら「飛行機一択」と考えるでしょう。

つまり、現在地を受け入れなければ、東京に向かう経路さえ調べることができないのです。

「そのままのあなたでいい」という自己肯定感をあげる言葉は、その現在地を受け入れるための言葉なのです。

それから「もっと魅力的な女性になりたい」とか「給料がいい会社に転職する」とか目的地を定め、そこに向かう"経路"を考えるわけです。

「そのままの自分でもOKだけど、もっと魅力的になりたいから、好きなことにどんどん取り組んでキラキラした女性を目指すぞ！」ということです。

「今の自分じゃダメだ！」と自己否定をしてしまうと、マイナスからのスタートになります。
「今の自分でもOK！」と自己肯定かから始まると、プラスからのスタートになります。
どちらが目的地に速く到達できるかは明らかですよね。

だから、私はこの言葉をみなさんにお伝え続けているわけです。

その重たい荷物、
自分ひとりで抱えて
大変だろ？

25・誰かに頼るのが苦手なあなたへ

色々と抱え込みすぎていませんか？
そもそも、自分が抱え込みすぎてるって気づいてますか？

荷物も人も満載して、よれよれしながら走っているインドや東南アジアのトラックの動画や写真を見たことはありませんか？

これが、今のあなたの状態ですよ？

なんでそんなに荷物を満載してしまうのかと言うと、それはあなたがいつも誰かのために頑張っているから。
自分の欲を満たしたいためでも、自分自身の利益のためでもなく、誰かのためだからなかなか気づけないんです。

私たちは自分のために頑張るよりも、他人のために頑張るほうが、より力を発揮しちゃう性質があるんです。
もちろんそれはいいことではあるのですが、愛情深い人はやりすぎちゃうみたいなんですよね。

また、「人に頼むことが苦手」というか、そもそも「人に頼ってもいいの？　え、全部自分でやるものだと思ってたから、そんな発想なかったです！」という方が本当に多いんです。

だから、私の元には積載重量オーバーで何年も走り続けたせいで、エンジンがイカれてしまった方々がよく訪れてくれます。

＊＊＊

ではこれから、リアル開催しているセミナーでときどき採り入れているワークをひとつ紹介しようと思います。ちょっとそのシーンを想像しながら読んでみてください。

あなたにはまず、他の参加者の方からバッグを借りて両手に持っていただきます。
私はいつも仕事道具を詰め込んだ重たいリュックで出勤しているので、さらにこれを背中に背負っていただきましょう。
リアルなセミナーだと遠方からお越しの方もいらっしゃるの

で、その方々のスーツケースやボストンバッグもお借りして、追加で持っていただきます。

そうするとあなたは、両手にも背中にも、首からも荷物を抱えている状態になりますね。

想像するだけで重たいでしょう？

そこでさらに、こんな演出をつけるんですね。

「重たそうだけど大丈夫？　手伝おうか？」
「しんどそうだよ。何か私にできることはない？」
「本当に荷物が重くて大変そうだよ。私が持ってあげるよ」

といった感じの優しい声掛けを、会場のみなさんにしていただくんです。
そしてあなたには、その言葉のひとつひとつに「いえ、大丈夫です」「いえいえ、ぜんぜん平気です！」「心配しなくてい

いですよ」「お手伝いはいりません」などと答えていただきます。

日常でも似たようなお返事をされているかもしれません。
あなたが大変そうなことに誰かが気づいてくれて、声を掛けてくれたんだけど、あなたは「大丈夫です」って拒否しちゃうようなこと。
もしかしたら、心配してくれた人の声すらも届いていないのかもしれませんが……。

でも、そうやって「手伝おうか？」という声を拒否し続けるのも辛いですよね。

そしてワークでは、物理的に荷物をたくさん持ってもらっているので、時間が経てば経つほど、体力的にもしんどくなっていきます。

そこでこう声に出して叫んでもらうんです。

「本当はすごく辛いです。ひとりでこれだけの荷物を持つことは本当にしんどいです。私はもう限界です。誰か助けてください」

そうすると、他の参加者の方々がニコニコしながら近づいてきて、荷物をひとつずつ持ってくれるんです。

少しずつ荷物がなくなって軽くなっていく感覚を、みんながニコニコしながらあなたを助けてくれているシーンを、想像してみてください。

* * *

<u>自分は大丈夫じゃないって認めること。</u>
<u>そして、誰かに助けを求めること。</u>

これが抱え込み症候群の方々に必要な処方箋です。
もしよかったらさっきのセリフ、実際に声に出して言ってみ

てください。

それだけで少し心が軽くなるかもしれませんし、実際に抱え込んでいる荷物を手放せるかもしれません。

「やらなくていい仕事も抱えていたし、あれこれ考えすぎて作業の手が止まっていることも多かったし、家のこともちゃんとしようとしすぎていたし、これくらい頑張らないと自分はダメだと自己評価を下げてしまっていることにも気づけました。実際頼ってみたら快く受け入れてくれる人ばかりでしたし、なんだもっと早くみんなを頼ればよかった、と今では思っています」

26・仕事に対してモヤモヤしているあなたへ

> それ、本当に
> あなたがやりたいこと
> なんですか？

仕事のご相談をよくいただきます。

「モチベーションが下がってしまっている」
「人間関係がうまくいかない」
「後輩がムカつく」
「成果が出せないから昇給を逃した」
「今の会社に居続けていいのか？　と思う」
「辞めたい辞めたいと思いながら、ずっと仕事してる」

こうしたお話を一通り詳しくお聞きしたあとに、こんな失礼なことを聞いちゃうことがあります。

「それって、あなたがやりたいことなの？」
つまり、「それってあなたの人生において、どれくらい重要なことなの？」という質問です。

「やっぱり今の会社でもっと成長したいです！」とおっしゃる方もいますが、私の常連さんたちの多くはこうおっしゃい

ます。
「今の部署は希望したところじゃなくて、本当は別の業務がしたいんです」
「はじめはやりたい仕事だったんですけど、人が減って負担が増えてしまって」
「仕事も大事ですけど、本当は好きな人と結婚したいです」
「仕事よりも推し活のほうがはるかに燃えます！」
「本当は家でのんびりと過ごしたいタイプです」
「趣味にもっと時間を割きたいんだけど……」

やっぱり自分の中での優先順位を、ちゃんとはっきりさせたほうがいいと思うんです。

仕事よりもやりたいことがあるはずなのに、仕事にばかりエネルギーと時間を使っていたら、本当に自分がやりたいことができなくなっちゃいますよね。それじゃあ、仕事への不満が溜まっていく一方です。

それに、やりたくないことを頑張るって、それだけでものすごく大きなストレスになります。
どうしても頑張らなきゃいけないんだったら、その頑張り以上に自分をねぎらってあげましょう。そうじゃないと、辻褄（つじつま）が合わなくなっちゃいますから。

やりたくないことをしなきゃいけないときは、そのモチベーションの分だけ頑張る、というスタイルがおすすめです。

* * *

今回は分かりやすいから「仕事」を例に挙げましたが、日常を振り返ってみると、他のやりたくないことにも、エネルギーを割いてしまっていることに気づくかもしれません。

あまり気が乗らない集まりに顔を出している。
とっくに気持ちが冷めた恋人とずるずると付き合っている。
惰性（だせい）と付き合いで習い事に通っている。

あまり心地よくない部屋に住んでいる。

「やりたいことをやる」とエネルギーが充填(じゅうてん)されます。
逆に「やりたくないことをやる」とエネルギーは削がれます。

こういう風に考えてみると、あなたの日常はプラスになっているでしょうか？　それともマイナス？

やりたくないけどやらなきゃいけないことも世の中にはあるので、そこは頑張るとして、それ以外はできるだけやりたいことをやるのが幸せの秘訣です。

先ほどの計算で言えば、プラスが増えれば増えるほど幸せを感じられるのです。
「私の日常ってプラスが少ないかも、いや、むしろマイナスかも」という方は、ひとつずつ取り組んでいきましょう。
やりたいことをやる、もしくは、やりたくないことをやらない。

それでもいきなり異動はさせてもらえないだろうし、付き合いを辞めるのも申し訳ない、と考える方も多いと思うので、まずはできることから始めてみましょう。

私がよくおすすめしているのは「自分の部屋をいい空間にする」というもの。
お値段で妥協せず、ひとつひとつお気に入りのもので部屋を満たしていくのです。キッチンもリビングも、寝室もクローゼットも。
時間はかかるけど、だんだん部屋が自分好みの空間になっていくのは嬉しいものです。

それと同時に、ちょっと勇気を出して、やりたくないことをやめていきます。
自分の気持ちに素直になって、まずは惰性で通っている習い事を辞めること、いっぱいいっぱいなのに仕事を引き受けないこと、気の乗らない飲み会には参加しないこと。

やりたくないことをやらない選択って勇気がいるし、罪悪感も生まれるし、本当にこの選択で正解だったのか、最初は不安になるものですが、のちのち心がすごく軽くなって「よかった！」という成功体験ができるのです。

それで心が軽くなってくるとあなたが本当に「やりたいこと」が見つかるはずです。

* * *

こういうことって学校では教えてくれないのですが、「やりたくないことはやらなくていい」が基本です。

だから、やりたくないことを頑張っているあなたは偉いんです。すごいんです。当たり前だと思わずに、自分をほめてあげましょう。

最近、カウンセリングでも「やりたいことが見つからない」

という方によくお会いします。
そんな方にもこのお話は効くと思います。

ぜひお試しください。

> カッコつけたり、意地張ったり、素直になれないってのも個性だから。

27. 自分の欠点を許せないあなたへ

カッコつけるのってちょっとしんどいですよね。
それって自己顕示欲と同じだし、いいところを見せようと無理しちゃうし、人からもちょっと笑われちゃったりするかもしれないし。

周りに意地を張り続けるのも、疲れますよね。
つい周りと張り合ってしまうし、しんどいのにしんどいって言えないし、謝りづらくなっちゃうし、自分にとってマイナスだと分かっていても、なかなか変えられない部分かもしれません。

素直になれたらいいのに、と思うのにできないときもありますよね。
「ごめん」と思ってても意地を張って素直になれなくて、「自分は悪くない」と主張してしまったり、本当は大切な人なのに恥ずかしくて素直になれず、その人をけなしてしまったり。

他にも、見栄っ張りだったり、頑固だったり、強がりだった

り、自分でも「この性格、なんとかならないかな」と思うことがあるかもしれません。

周りの人から「その性格、直したほうがいいよ」と忠告されたこともあるかもしれませんし、「本当に意地っ張りなんだから」とあきれられたことだってあるかもしれません。

でも、頭で分かっていてもなかなか直るもんじゃないんですよね。
それに、私は先ほど「欠点って直さないほうがいい」って話をしていますしね。
それもあなたの個性ですから、と。

そういう、<u>自分でもよくないなあと思う性格については、「直す」よりも「許す」ほうを、私はおすすめしています。</u>

「私って素直になれなくて強がっちゃうことがあるんだ。それで迷惑かけるかもしれないけどごめんね」

こんな風に、自分にも周りの人にもオープンにしてみると、周りの人も受け入れやすくなって、なんなら「かわいい」と思ってもらえるかもしれないし、自分でも「しょうがないよね」と思えるようになります。

そして、意外とその個性にもいいところが見えてきたりするんですよ。

カッコつける性格は、恥ずかしいことのように思えるかもしれないけど、自分をよく見せようと頑張る姿は、若々しくも見えるものです。

意地っ張りの人がちょっと弱音を吐いたら、何だかきゅんとしちゃいません？
強がりかもしれないけど、そうやって意地を張れる人って、意地を張り続けるだけのエネルギーを持っているから、とっても元気な証拠なのです。
また、素直になれないのって、周りの人をムカつかせたりす

るかもしれないけれど、いわゆる「ツンデレ」ってことですよね。そしたらそれも、人間関係における武器のひとつになっちゃうわけです。

そうして、自分の嫌いなところを個性だと考えられるようになると、自己否定がなくなるので、自分を認められるようになります。
自分の個性として許せるようになった分だけ、周りの人もあなたのその個性を受け入れ、認めてくれるようになるものです。

だから何事も、まずは自分で受け入れる。
これが、大切なのです。

自分を後回しにしすぎてない?
ちょっとわがままに
なってみなよ。

28・相手に合わせてばかりいるあなたへ

「彼は今仕事が大変だし、なかなか会えなくて寂しいけど仕方がないよね。私は大丈夫だから」って思ったことはありませんか？

「後輩のフォローや、先輩に頼まれた会議資料作成のお手伝いなんかをしていたら、いつも自分の仕事は定時後……」なんて仕事の仕方、していませんよね？

「友人とご飯に行ってもいつも他の子に合わせちゃうんです。私は本当に何でもいいし、合わせられるから大丈夫なんです。好き嫌いのある子に選んでもらったほうがみんな楽しいじゃん」なんて思って、自分が食べたいものを我慢したことはありませんか？

自分では我慢をしているつもりはないのだけど、気づけばいつも自分を後回しにしちゃってる。
つつましいとか、謙虚と言えば聞こえはいいけれど……それって本当は遠慮だし、我慢だよね？

確かにあなたはとても優しいんです。
だから、あなたのお陰で助かっている人はたくさんいます。
あなたに感謝している人もたくさんいると思います。

だけど、「私はいいから」と遠慮ばかりしていると、いつまで経っても自分の順番って回ってこないんです。いつまでも「どうぞ、どうぞ」とやってしまうから。

家で「しっかり者のお姉ちゃん」をやってきた方って、こうした遠慮をしがちな傾向にあるような気がします。
お菓子にしても、おもちゃやゲームにしても、弟妹に譲ることが多くてそうなりやすいのかもしれません。

カウンセリングでも「自分を後回しにしすぎ！」という指摘をよくしています。
でも、ほとんどの方は自分がそうしてるって自覚がないんですよね。

そんな遠慮しがちな方々には「わがままになってみよう！」というワークを実践していただきたいのですが、多くの方は、そもそも自分が何をしたいのかすら、分からない状態にあります。

だから、わがままを言おうとしても、それがそもそも思い浮かばないのです。

中には、自分のことをわがままだと思い込んでしまっている人だっています。
「私はわがままだから、たまには誰かに順番を譲らなきゃ」と思ってる人、実は多いんです。

「自分はわがままだ」と思ってしまっていると、自分を後回しにしている実感って持てないですよね。

そもそも、なんで自分を後回しにしているのかというと、「自分は大丈夫」という強い思い込みがあるからです。

でも、本当は大丈夫じゃないから体調不良になったり、精神的に行き詰まったり、人間関係がうまくいかなくなったりするんですよね。

だから、そういう方にはこんなワークをしてもらっています。

* * *

「私、本当は大丈夫じゃない」って声に出して言ってみてください。
もちろん1回だけじゃなく、5回、10回と続けて言ってみてください。

どんな気分になったでしょうか？

辛くなってきましたか？
あるいは怒りが湧いてきましたか？

それとも何も反応しませんか？

もし、悲しみでも怒りでも感情が動いたのなら、続いて自分にこう聞いてみてください。

「本当はどうしたいの？」

自分に問い合わせを入れるんです。
何か答えは返ってきましたか？

何も反応がなかった方も、答えが返ってこなかった方も、何度も声に出して言い、自分に問い続けてみてください。

そうすると心が動き出し、だんだんわがままな自分が出てきて、本当に自分がしたいことが分かるようになります。

わがままな自分に初めて会うと、少し戸惑いがあるかもしれません。

だけど大丈夫です。すぐに慣れます。
それに、きっとそのほうがずっと生きやすいし、楽だし、あなたらしいと思いますよ。

今のまんまのあんたが
最高やで。せやからそない
無理して頑張らなくてもええ。

29. この本を手に取ってくれたあなたへ

もうそんな言葉は耳タコだよ！　とうんざりされる方もいらっしゃるでしょうか？
それでもやっぱり大事なことなので、何度でもお伝えさせてくださいしたい。

今の自分が最高！　だから無理して頑張らなくてもいい。

今の自分が最高！　だから無理して頑張らなくてもいい。

この言葉を呪文のように唱え続けていただければと思います。
その意味なんて信じなくてもいいですから。

* * *

私たちって、できてるところよりも「足りないところ」「できてないところ」「ダメなところ」に注目してしまうんですよね。

ある意味、「完璧主義」です。

小学生の頃、テストで80点取ったらほめられましたか？
ほめられる前に「どこ間違えたの？ なんで間違えたのか復習しときなさい」なんて親に言われませんでしたか？

100点じゃなきゃダメ、という心理はそうした日常の小さな出来事でも培(つちか)われてきたのかもしれません。

特に優等生をやっていた方ほど、あらゆることで100点を取ろうとしてきませんでしたか？
ミスや間違いにすごく敏感になっていませんでしたか？
人から不備を指摘されることをすごく怖れていませんでしたか？
誰からも何も文句を言われないように頑張ってきませんでしたか？

そんなあなたにあえて言いたいんです。

「今のあんたが最高だぜ」って。

根拠は何もありません。
というか、根拠はないほうがいいです。

根拠なんていらないくらい、今のあなたは最高なんです。

* * *

それだけ頑張って一生懸命やってる自分を、当の本人が認めてあげなくてどうするの。
自分が自分自身の一番の味方でなくてどうするの。

ただただ「今の自分が最高なんだ」と思い続けてみてください。

そして、「自分は十分頑張っている。だからこれ以上、無理して頑張らなくていい」という言葉を続けてください。

何度も繰り返してみると、きっと肩の力が抜けるはずです。

完璧じゃない自分を愛してあげること。
不十分な自分に「それでかまへん、かまへん」って言ってあげること。

友人に接するように自分自身に接してあげること。
「もし友人が同じような状況だったら何て言ってあげるかな？」と想像してみてください。
その言葉を自分に投げてあげるんです。

*　*　*

みなさんが無意識に目指している100点の人が仮に存在したなら、あなたはその人と友人になれそうですか？

きっと近寄りがたいんじゃないかな、と思うんです。

やっぱりこの言葉も、もう一度お伝えさせてください。
「長所で人を愛し、短所で愛される」

不十分なところは「愛されポイント」なんです。
だからそこを隠さず、自分では愛せないのなら、誰かに愛させてあげればいいんです。

そもそも短所って直す必要ありません。
そこに使うエネルギーがあるなら、長所を伸ばすほうに使ってあげてください。

まあ結局のところ、今のあなたは最高の存在なんです。

30.【特別編】あなたの悩みはきっとコレでほぐれる

「もっときちんと文書を見直していればあんなミスは防げたと思うんです。ほんと大雑把な性格で、いつもケアレスミスをしてしまうんです。そのたびに次はちゃんとしようと思うのですが、また今回も同じミスを繰り返してしまって……」

でも、それが今の自分なんだからしゃあないと思うんだけどなー。
そのままのあなたが、大雑把な性格なんでしょう？　ちゃんとしようと思っても、やっぱりどうしても抜けが出ちゃうのはしょうがないんじゃないかなあ？

だから、ミスをすることは前提として、そのフォローをどうするかを考えておいたほうがいいんじゃない？
ミスをしないようにってことばかり考えていると、してしまったあとにどうしていいか分からなくなるじゃないですか。

例えば、後輩に文書の第三者チェックを頼んだり、事前にミスしたときのフォローを先輩にお願いしておいたり。

どんなに頑張ったって、今の自分にできることしかできないのは当たり前じゃないですか。
だから、できる限り一生懸命やって、それでダメならしゃあないって気持ちでいることが大切だと思うんですよね。

* * *

「結婚したいんならアプリでも相談所でもいいから何か行動しろって思うんですよ。けど、なかなか腰が重たくて動けないんです。あまり人とうまく話せないですし、全然自分に自信がなくて」

動けないのに動こうとするのは、足をケガしているのに体力づくりのためにランニングをしようとするのと同じなんですよね。余計に心を傷つけちゃいます。

なんぼ頭で「動かなきゃ」と思っていても、心がそれを拒否しているなら、しゃあないんじゃないでしょうか？

できないものはできない！　と開き直るくらいのほうがいいと思いますよ。
どうせ人間はできることしかできない生き物ですし、それが今の自分なんですから。

でも、そんなんじゃいつまでたっても結婚できないぞ！　って自分を脅しちゃうでしょ？
そんなモチベーションで無理やり動いて、うまくいくと思いますか？　婚活を続けることすらも難しくなっちゃって、さらに億劫になると思いません？

だから私は「なぜ私は動く気になれないのだろうか？」という、動けない理由を見ていくことをおすすめします。無理やり動いて事を進めるよりも、後ろ向きな気持ちを変えるほうが早いと思うんですよね。

＊　＊　＊

「年末にフラメンコのステージに立つことになったんですが、もう今から緊張してしまって。まだ習い始めて半年なのに、先生が『すごくやる気がある子だから』なんて思ってるらしく。どうしましょう？」

そうやって追い込まれているときって、私はまだまだひよっこだし、先輩たちと一緒に踊るのは実力不足すぎるし、ってどうしてもできないところばかりを見てしまうでしょう？でも、生徒をステージに出すって先生の責任問題でもあるから、その先生が出すって言うのなら見込まれていることに違いはないですよね。

どうせ実力以上のものは出せないわけだから、今できることをひとつひとつやっていくしかないよね。つまり、自分なりにベストを尽くすだけ、ということ。

そのためにも「これが今の自分なんだ」と受け入れることが大切なんだよね。

実力不足を受け入れたら、もっと練習しようと思うかもしれないし、ヘタクソなりに頑張ろうって前向きになれたら最高だよね。

今の自分を受け入れた分だけ、自分のベストを尽くしたくなってくると思うんです。
だから、今の自分のままで勝負しよう！　という意識でいるのがいいんじゃないかな。

　　　　　　　　　＊＊＊

「彼に愛されている自信がなくなっちゃって。付き合って2年くらいなんですが、このところお互い仕事が忙しいこともあってなかなか会えるタイミングがなくて。それでたまに会うと、なんだか彼がよそよそしい態度な気がしちゃって、『嫌われちゃったかな？』と思っちゃうんです。SNSのやり取りもどこかおざなりな感じがするし、どうしよう」

こういうときって、あれこれ考えすぎて悪い妄想に走りがちになっちゃうでしょう？
あなたと一緒にいてほっと安心して一息ついた姿が、あなたから見るとため息に見えることだってあるかもしれないですよね。

お互い忙しくてなかなか会えないっていうのが、今の2人ですよね。SNSのやり取りが昔より減ったっていうのも、今の状態ですよね。
でも、あなたは今も彼のことが好きなんですよね？　だからもっと一緒にいたいし、何ならその先のことも考えていたり。

それが、今の自分なんですよね。
そして、その状態が今の自分たちなんですよね。

現在地を確認するのってすごく大事です。
そのために事実と妄想はちょっと切り離したいですよね。
こういうときって自分で妄想して、判断して、勝手に自爆し

ちゃうことがあるからね。

そのうえで、じゃあ、自分はどうしたいのか？　を自分の心に聞いて彼に伝えてみたらいいと思うんです。

* * *

「いずれ会社を辞めて起業したいと考えているんです。女性の起業家も今すごく増えているし。そのための勉強もしたいし、自分にどんな事業が向いているのかも考えたいんですが、仕事から帰ると疲れちゃって全然手につかないんです。こんなんじゃダメだと思うんですが。何か喝を入れていただけませんか？」

うーん……ここは道場じゃないので、あなたに喝を入れられる竹刀とかは置いてないんです……。

なんかちょっと、自分にプレッシャーをかけすぎちゃってい

ませんか?
夢に向かって頑張りたい気持ちは分かるし、勉強とかに手が回らなくて焦る気持ちも分かるんだけど、だいぶ自分に負荷をかけすぎているんじゃないかな、と心配になるんです。

「体は正直」って言うんですけど、疲れているなら疲れている自分が正しい状態なんです。
それが今の自分なんだからしゃあないって思わないと、自分責めが始まっちゃうでしょう?

むしろ今は、ちゃんとその日の疲れが取れるように試行錯誤してみるのが必要じゃないかな、と思うんです。

これが今の自分の状態なんだって受け入れずに、できてないところにばかり目を向けていると、たぶん何も変わらないんですよね。

だから、意外と体を鍛えたり食事に気をつけたりして、疲れ

にくく、疲れが取れやすい体を作るほうが先決かもしれませんよ。それこそ起業なんかしちゃったら、もっと忙しくなるものですからね。

今の自分を受け入れるって、現在地を知ることなんですよね。現在地が分かって初めて、夢に向かって一歩踏み出せるわけで。

だから、何か夢を追いかけていたり、自分を変えたいと思っているのなら、まずは「それが今の自分なんだよな」って、現状の自分を受け入れるところから始めませんか？

あとがき

ここまでお読みいただき、ありがとうございました。
この本を手に取ってくださった方はおそらく、頑張り屋さんだと思います。
人とうまくやっていけるように、その場を乱さないように、周りから浮かないように、相手を傷つけないように、と頑張ってきたのが、みなさんです。

そういう周りに合わせた生き方をしていると「それなりにうまくいく」し、「ある程度は幸せ」なのですが、心の底から湧き上がる喜びは感じにくくなります。
というのも、その生き方は「自己喪失」になりやすいのです。
「自分は本当はAがいいんだけど、ここでAを選ぶと変な空気になりそうだな」と思ってBを選ぶ。そうすると「本当はAがいい」と思っていた自分は抑え込まれてしまいます。
そしてBを選んで問題が起こらなかったら、「ああ、Bを選んでよかった。Aにしなくてよかった」と思います。さらに

「Aがいいと思った自分は間違っていた」と思い、自分の選択を信じないようになります。

じゃあ、常に自分の選択を信じるのが正解なのか？　というと、必ずしもそうとは限りません。Aを選んだ結果、「あのときBを選んでいれば」と後悔する方もたくさんいます。

では、どうすればいいのか。
答えは簡単です。自分らしいほうを選べばいいんです。
でも、周りに合わせすぎて自分を喪失し、自分を信じられなくなってしまった方たちは、その「自分らしさ」すら見失ってしまっています。
だけど大丈夫、あなたの「自分らしさ」が本当に消えてしまったわけではありません。今は一時的に見えなくなっているだけで、何歳からでも必ず取り戻せます。

本書でも何度も触れていますが、誰もが個性があって、そこには何物にも代えがたい価値があります。

自分の個性を認め、その価値や魅力を知って自身を深め、自分を認め続ければ、「自分らしさ」が見えてきます。

そのためには、自分をほめることが必要です。
なぜなら、自分をほめるために自分と向き合う、自分のほめたいところに気づければ、自分の価値（自分らしさ）に気づける。その価値を認め、素直にほめ続けてあげれば自然と自信がつくからです。
そうすると自分の選択に悩むことも、あとから後悔することも、ぐっと減るでしょう。

さて、あなたの推し動物は見つけられたでしょうか？
もし見つけられたなら、次はあなたがその動物になりきって、自分を自分でほめてみてください。きっとすぐにほめ上手になれます。
そのままのあなたが、絶対にかわいいんです。安心して、自分が調子に乗ってしまうくらい、たくさんほめてあげましょう！

根本 裕幸
（ねもと ひろゆき）

心理カウンセラー、講師、作家
1972年静岡県生まれ、大阪府在住。
1997年より神戸メンタルサービス代表・平準司氏に師事。2000年より、プロのカウンセラーとして活動。以来、のべ15000本以上のカウンセリングをこなす。
2001年、カウンセリングサービス設立に寄与。以来、14年間企画・運営に従事し、2003年から年間100本以上の講座やセミナーをこなす。
2015年よりフリーのカウンセラー、講師、作家として活動を始める。
著書にベストセラー『敏感すぎるあなたが7日間で自己肯定感をあげる方法』（あさ出版）や『いつも自分のせいにする罪悪感がすーっと消えてなくなる本』（ディスカヴァー・トゥエンティワン）をはじめ、『ふと感じる寂しさ、孤独感を癒す本』（清流出版）、『人のために頑張りすぎて疲れた時に読む本』（大和書房）、『7日間で自分で決められる人になる』（サンマーク出版）など多数。

そのままのあなたが、絶対かわいい。
できない自分も好きになる30の「ほめ言葉」

2024年11月1日　第1版第1刷発行

著者	根本 裕幸
発行者	永田貴之
発行所	株式会社PHP研究所
	東京本部　〒135-8137　江東区豊洲5-6-52
	ビジネス・教養出版部　☎03-3520-9619（編集）
	普及部　☎03-3520-9630（販売）
	京都本部　〒601-8411　京都市南区西九条北ノ内町11
	PHP INTERFACE　https://www.php.co.jp/
編集	薬師神ひろの
印刷所	株式会社精興社
製本所	株式会社大進堂

©Hiroyuki Nemoto　2024 Printed in Japan　ISBN 978-4-569-85805-0
※本書の無断複製（コピー・スキャン・デジタル化等）は著作権法で認められた場合を除き、禁じられています。また、本書を代行業者等に依頼してスキャンやデジタル化することは、いかなる場合でも認められておりません。
※落丁・乱丁本の場合は弊社制作管理部（☎03-3520-9626）へご連絡下さい。
　送料弊社負担にてお取り替えいたします。